好好恋爱

慢慢结婚

安妮◎著

宝贝：

你无须从外界获取爱，因为你就是爱本身！

—— 安妮

哈尔滨出版社
HARBIN PUBLISHING HOUSE

图书在版编目（CIP）数据

好好恋爱，慢慢结婚 / 安妮著 . —— 哈尔滨 : 哈尔
滨出版社 , 2025. 5. —— ISBN 978-7-5484-8539-1

Ⅰ. C913.1-49

中国国家版本馆 CIP 数据核字第 2025H5A849 号

书　　名：**好好恋爱，慢慢结婚**
HAOHAO LIANAI, MANMAN JIEHUN

作　　者：安　妮　著
责任编辑：滕　达
特约编辑：肖萌萌

出版发行：哈尔滨出版社（Harbin Publishing House）
社　　址：哈尔滨市香坊区泰山路 82-9 号　　邮编：150090
经　　销：全国新华书店
印　　刷：天津睿和印艺科技有限公司
网　　址：www.hrbcbs.com
E-mail：hrbcbs@yeah.net
编辑版权热线：（0451）87900271　　87900272
销售热线：（0451）87900202　　87900203

开　　本：880mm×1230mm　1/32　　印张：7　　字数：139 千字
版　　次：2025 年 5 月第 1 版
印　　次：2025 年 5 月第 1 次印刷
书　　号：ISBN 978-7-5484-8539-1
定　　价：59.00 元

凡购本社图书发现印装错误，请与本社印制部联系调换。
服务热线：（0451）87900279

序　言

不断地有人追问我：婚姻是什么？其实，婚姻如同一场博弈，唯有不断提升自我价值，方能匹配高质量的婚姻。因此，修炼自己成为人生不可或缺的主题。

作为一名资深心理咨询师，我自 2021 年起入驻抖音平台，专注于情感直播节目。至今，我的全网粉丝数已突破 300 万，我有幸帮助超过 10 万位女性守护了她们的幸福。在这个过程中，我见证了数万个家庭的悲欢离合，也对恋爱与婚姻有了更深刻的感悟与思考。然而，在当今这个时代，情感婚姻问题之严峻远远超出了我的想象。

在向我咨询的众多案例中，不乏那些长期遭受丈夫家暴却不敢报警或离婚的女性，她们在恐惧与沉默中煎熬；也有因丈夫赌博而背负巨额债务、身处困境却难以抽身的女性，她们在绝望与压力中挣扎；更有甚者，遭遇了丈夫与第三者联手转移资产，最终"净身出户"的悲惨命运，她们在背叛与失落中崩溃。每日都有一些女性在不幸的婚姻中被骗，她们的遭遇实在令人痛心。

在深入咨询的过程中，我逐渐意识到：这些女性在选择另一半时往往缺乏理性的逻辑和明确的框架，她们中的许多人仅仅是为了结婚而结婚，忽略了婚姻中最本质的东西——相互尊重、理解与共同成长。这种盲目与冲动，无疑为她们后来的不幸埋下了隐患。

事实上，婚姻与爱情是两套截然不同的系统：爱情更多的是寻找那个让你心动、喜欢和开心的对象，是情侣间的甜蜜与浪漫，重点在于情绪与情感体验；而婚姻则是寻找那个能携手共度一生的伴侣，是建立一段现实合作关系，重点在于责任与承诺。爱情或许不能持续一辈子，但婚姻却需要用一生的时间去坚守与经营。

如果你没有看清楚婚姻的真谛，将婚姻视为一生的事业去思考，那么你的婚姻就很难长久维持，只会成为一阵子的短暂经历，而离婚也就成了这种短暂婚姻的常态。选择情侣，我们或许可以只凭心动、喜欢和开心；但选择伴侣，却需要我们像选择合作伙伴一样去考虑资源、筹码和价值，思索长久合作的可能性。

结婚宛如共同构筑一项生命的事业，其中涉及双方优势、贡献与期望的考量。唯有双方的成长轨迹与人生愿景相辅相成，我们才会选择相互携手，成为彼此命运中的共行者。遗憾的是，现实中不乏因情感冲动而匆匆"结盟"的人，他们未曾冷静思考，未曾深入探讨各自的优势互补、共同目标及长远价值。因缺乏深思熟虑的基础，这样的"结伴"往往难以经受时间的考验。

因此，我们"谈"恋爱不仅仅是为了享受爱情的甜蜜，更是为了在恋爱的后半场多谈论一些资源和价值，为婚姻做好铺垫，筛选出那个能与我们共度一生的合作伙伴。这也是我为这本书取名《好好恋爱，慢慢结婚》的原因。我想告诉大家的是，如果你还没有将目标、资源、价值和分工等问题弄清楚，就不要急于步入婚姻的围城，也不要一时头脑发热，就把一辈子的系统工程变成了一阵子的短暂经历。

我在做咨询的过程中，遇到了太多因没有确立正确的婚姻观而一生饱受"情"字折磨的咨询者。他们反反复复地结婚、离婚，每一次都伤痕累累。更有甚者，在完全不了解对方的情况下，认识一周后就闪婚，结果却发现自己被骗取了财产，对方甚至是失信人员，曾经有过不良记录……这些血淋淋的案例让我深感痛心。

曾经，我以为这些情节只会出现在电视剧里，但现实却告诉我：我的直播间的案例比电视剧更加夸张、残酷。如今，出轨和无性婚姻已经成为当下所有家庭面临的重要考验，我直播间里很多的家庭都曾经或正在经历这些考验。

在向我咨询过的众多案例中，我发现那些受伤的女性都有以下共性：一方面，她们不懂得如何识人辨人，一开始在选择婚姻合伙人时就选错人了。如果一开始就选错了人，那么后续再怎么努力也难以弥补这个错误。

那么，我们为什么一定要好好"谈"恋爱呢？就是为了在结婚前把目标、资源、价值和分工都谈清楚。只有我们把这些都谈清楚了再进入婚姻的围城，才能更有保障；如果谈不清楚，那就不要着急结婚。

另一方面，即使进入了婚姻的围城，很多女性也不懂得夫妻之间的沟通和相处模式，没有及时地从恋爱的角色转换到婚姻角色。在当今社会，我国大多数婚姻问题的根源，其实都可以归结为对爱情与婚姻本质理解的混淆不清。我们常常误以为只要相爱便能步入婚姻的殿堂，然而用感性的爱情逻辑去经营现实的婚姻关系，却往往发现最终只能让婚姻变得一地鸡毛。

此外，教育的缺失也是一个大问题。婚姻是一项非常复杂的大工程，但从小到大，学校和父母很少教我们如何经营婚姻，这就导致我们在婚姻中只能随意生长。

婚姻关系着我们的未来，如果你想要拥有美满的婚姻，那就要不断地自我成长，保持自己的高价值，懂人性、善博弈。

于是，我深感有必要将这些宝贵的经验与感悟整理成书，以期为更多在爱情与婚姻中迷茫探索的人提供指引与帮助，让她们找到真正属于自己的幸福之道。

这也是我写这本书的意义所在。我希望通过这本书帮助更多的女性拥有爱的能力，树立正确的婚姻观，规避婚姻中的风险，收获幸福美满的婚姻。同时，我也希望那些拥有正心、正念、正能量的粉丝能把我的这份美好传递下去，让更多的人受益。

感恩遇见！

目　录

理论篇：

幸福婚姻的认知准备

01 价值理论：
你知道他 / 她需要你的哪些价值吗　3

动物性价值：为什么有人说"女人四十豆腐渣"　3

社会性价值：男人喜欢饭局，女人喜欢 Party　7

情绪价值：为什么你很"优秀"却被对方淘汰　10

爱情价值：为什么有人要苦苦追寻爱情　15

02 男女差异：
为什么我们相爱却又有距离　21

思维方式：理性脑和感性脑的战争　21

沟通方式："多喝水"为什么让女人抓狂　28

价值观：有时候爱留不住一个男人　34

爱情观：爱情的"保质期"究竟有多长　　　38

性观念：男人因性而爱，女人因爱而性　　　43

解压方式：女人疯狂倾诉，男人"躲进洞穴"　　　47

03 情感尺度：
爱一个人，永远不能超过爱自己　　54

婚姻不能为你的幸福担保，但独立可以　　　54

谈高自尊的恋爱，爱自己才易得到爱　　　63

保护好自己的身体，因为它是幸福的本钱　　　68

婚前篇：
正确恋爱的 N 种方式

04 恋前准备：
聪明的女人，不谈无准备的恋爱　　77

先成为好的自己，再遇到好的爱情　　　77

没有婚姻目标，找对象就像盲人摸象　　　86

有框架的女性，更容易获得人生幸福　　　91

朋友圈展现魅力，为爱情埋下伏笔　　　96

拓展圈子：事业和爱情的机会在哪里　　　100

识别渣男和好男人，让幸福变成可能　　　106

05 恋爱之道：
这些"招数"，助你恋爱成功　　　112

别做服从性太强的女人，要学会推拉　　　112

感情稳固：如何让男人长久爱你　　　118

让男人更爱自己的法宝：心理暗示　　　122

爱一个人，不必羞于谈钱　　　127

聪明的女人，会引导男人为自己付出　　　131

用男性思维谈恋爱，90% 的情感问题都能得到解决

135

分手要慎提，别玩"狼来了"的感情游戏　　　141

06 婚前抉择：
幸福的婚姻，始于婚前的正确选择　　148

关系升级：如何判断男人是否适合与自己结婚　148

婚姻篇：
守护婚姻的实战训练

07 稳固婚姻：
"套路"越多，婚姻就越持久幸福　　157

好女人是宠出来的，好男人是哄出来的　　157

维护好自己的权利，婚姻更容易幸福　　163

如何拿捏温柔与强悍，为自己的婚姻助力　　168

如何与婆婆相处才更有利于婚姻稳固　　176

08 婚姻危机：
识别婚姻危机，"硬核"挽回老公　　182

婚姻中的隐藏危机：假性亲密　　182

坚决对婚姻中的五种行为说"NO!"　　187

出轨的本质，是你们的合作出现了问题　　193

发现男人出轨时需要避开的七个雷区　　198

婚姻修复：五步让老公回归家庭　　205

理论篇

幸福婚姻的认知准备

01 价值理论：
你知道他 / 她需要你的哪些价值吗

动物性价值：为什么有人说"女人四十豆腐渣"

有人说："男人四十一枝花，女人四十豆腐渣。"为什么这么说呢？为什么这句"歧视女性"的话会流传下来呢？今天我们就来解答这个问题。

男人和女人的动物性价值

如果你问身边的男人想找一个什么样的女人做老婆，我想大多数男人可能都会说：希望她长相、身材不错，能照顾好家庭，还能一心一意地对我。如果你问女人想找一个什么样的男人做老公，她们的答案可能是：希望他身材高大、身份体面，收入还不错。对大多数男人和女人来说，这是他们首提的择偶要求。

人类的择偶倾向竟然和动物的极其相似！动物会找什么样的配偶呢？雄性动物会找健康、能照顾好后代且不易被其他雄性抢走交配的雌性动物，这不是和男人的择偶标准很像吗？男人的择偶标准中的"长相、身材不错"意味着配偶身体健康、基因更优质，"一心一意地对我"则意味着不易被其他男人抢走，"能照顾好家庭"不就是主要照顾好后代吗？

那雌性动物呢？它们会找强壮有力、在族群里有地位、有捕食能力的雄性动物。把女人找伴侣的标准与之相比，就发现："身材高大"说明"强壮有力"，"身份体面"等同于动物"在族群里有地位"，"收入还不错"说明"有捕食能力"——获得生存物质的能力强。

人类的择偶倾向为什么和动物的高度重合呢？其答案很简单：就是因为人本身就是高级动物，是由低级动物进化而来的，人类的择偶倾向是由低级动物的择偶倾向演变而来的。基于这一点，我们把以上这些人类的择偶倾向标示的价值视为人的动物性价值。

为什么"男人四十一枝花，女人四十豆腐渣"

可以看到，同样是动物性价值，男人和女人的侧重点却不同：男人更注重女人的生育价值，而女人则更注重男人的生存价值。如果让他们按重要程度给对方的动物性价值排个序，那先后顺序应该是这样的：

男人对女人的动物性价值要求是：五官好看，身材苗条、匀称，年轻，对自己忠贞。

女人对男人的动物性价值要求是：资产（房、车、存款和收入）多，身材高大，容貌帅气、白净。

男人对女人的要求更多的是身材、相貌方面的，而女人对男人的要求更多的是钱财方面的。双方做出这种不同选择的原因是什么呢？是婚姻制度的产生——男人为了把自己的财产传给自己的后代。在狩猎时期，男人狩的猎物越来越多，自己食用不完，需要传给后代。而只有女人的生育能力强，男人才能保证自己的财产代代相传下去。同时，只有女人对自己忠贞，男人才能确保她生的孩子是自己的，所以男人极其重视女人的生育价值。而女人的其他价值，如社会性价值、情绪价值，在那个时候并不是男人最需要的。对女人来说也是如此，在狩猎时期女人的生存依赖于男人，所以她最需要的就是男人的生存价值，因此这种基因便遗传了下来。

到此开头的问题就有答案了："男人四十一枝花"，是因为男人到了四十岁，积累了更多的资产，生存价值越来越高；"女人四十豆腐渣"，是因为女人到了四十岁生育价值几乎消失了。所以"男人四十一枝花，女人四十豆腐渣"并不完全是对女人的歧视，而是从男人和女人的动物性价值来说的。男人看到年轻漂亮、身材好的女人就两眼放光，也不能简单地说他们"好色"，而是几千年来形成的择偶基因在起作用；同样，女人在乎男人赚钱多少，结婚要彩礼，也不能简单地认为她们"现实"。

男人可以晚婚，女人尽量早婚

了解了男人和女人的动物性价值，能够帮助我们应对一些现实问题，比如男人可以晚婚，而女人最好是在自己动物性价值最高的年龄——20~35 岁选择配偶，因为在这个年龄段她们有更多的选择权，更有可能找到合适和优秀的伴侣。

男人和女人的动物性价值对他们的生活有着深远的影响，所以直到现在男人还是铆足了劲地赚钱，女人还是铆足了劲地变美。男人不要期待有不爱财的女人，女人也不要期待有不在乎外在美的男人，对于男人来说，女人的外在美是她内在美的"表现形式"。

当然，以上我们说的都是倾向，只是大部分男人和女人的选择而已，也有不把女人的外在美放在第一位的男人，据说诸葛亮的老婆就长得很丑。而随着时代的发展，现在一些生存能力较强的女人，也不再像以前的女人那样在乎男人的生存价值了。因为她们可以通过自己的努力积累财产，所以对男人的容貌和性情就重视了起来。而男人也期待女人有一定的赚钱能力，在能力、智商、情商方面和自己更匹配。

所以，现代的男人和女人，如果想提高自己的择偶优势，就需要全方位地提高自己的动物性价值，同时具备生存价值和生育价值。这是男人和女人交往的前提，只有对对方的动物性价值满意，他们才有可能进入下一个阶段——考察对方的社会性价值。

社会性价值：男人喜欢饭局，女人喜欢 Party

如果我们留意观察，就会发现现实中有这样的倾向：男人喜欢通过饭局、工作场合结交陌生人，而女人则喜欢和邻居、朋友开 Party；男人特别在乎面子，而女人则特别在乎朋友怎么看待自己。这是为什么呢？

善于合作的人类基因被遗传下来

在狩猎时期，男人外出狩猎，仅靠一个人的力量很难应对凶猛的猎物，所以他们必须与同族的人或陌生人合作才能顺利捕获猎物，于是男人渐渐发展出了与陌生人短期合作的能力。当男人外出狩猎时，女人负责采摘和育儿，但她们也必须通过合作才能完成这两项任务，比如一部分女人外出采摘，另一部分女人则留在家中育儿。外出采摘的女人，会放心地把她们的孩子交给其他女人照顾，而留在家中的女人也会心甘情愿地照顾好其他女人的孩子。在这个过程中，女人渐渐发展出了与熟人长期、深度合作的能力。

而具备合作能力也成了一种社会需要，对于个体来说则成了生存能力之一。因此，无论男人还是女人，合作能力强的人更受欢迎，他们在择偶时更容易被选择，其基因也就更容易遗传下来。可以这么说：我们现在的每一个人都是具备合作能力的人，只是男人更善于与陌生人合作，而女人则更善于与熟悉的人合作。

男人和女人的社会性价值

既然合作能力强的人更受社会欢迎，那么他们获得的社会保障相应也就更多，因此合作能力被视为人的社会性价值之一。因为擅长合作的对象不同，所以在社会发展的过程中男人和女人的社会性价值也体现出以下区别：

男人的社会性价值更多体现在不太熟识的人如领导、同事和生意伙伴等的评价，更多体现在社会身份（行业领袖、老板、经理和主管等）、社会地位（工作类型、人脉资源和管理的人数等）和智商（学历、学习能力、逻辑和见识）。我们常常不理解为什么男人那么爱面子——无论在家里有多窝囊，他们也希望在外人面前得到尊重，就是因为外人的评价决定着他们的社会性价值。

而女性则与此相反，她们的社会性价值更多体现在熟人如邻居、亲朋的评价，更多体现在自己的忠贞度（和异性保持适当距离、恋爱次数、时间）、风评（恋爱婚姻史、伴侣的朋友和家人的评价）和生活技能（做家务、照顾人）。相对来说，女人特别讨厌邻居、朋友说她们的坏话，如果得知这些人说自己的坏话，那她们就恨不得去跟他们干一架——这可不是简单的"素质差"，而是她们去讨要自己的社会性价值。

由此可见，男人的社会性价值需要在家外的大圈子里实现，而女人的社会性价值则在自己熟悉的小圈子里实现。因为社会性价值的不同，所以在择偶时男人和女人考察的倾向自然也就不同。

男人和女人的社会性价值越来越融合

不过，我们会发现：现在的情况好像也不完全是这样的了，现在的男人也会考察女人的赚钱能力、学习能力和智商，现在的女人也会考察男人的忠贞度和做家务的能力。我在做咨询中就发现：很多女人都希望男人会做饭，现实也是这样的，会做饭的男人越来越多，愿意下厨的男人也越来越多。

女人的改变就更明显了，她们开始深度参与传统男人的社会工作，和越来越多的陌生人合作。她们的身份、地位、学历和智商越来越高，少部分女人甚至已经超越了男人，而不少男人也很欣赏这样的女人，他们愿意与这样的女人强强联合。这样的女人也非常受女性群体的欢迎，比如近几年"大女主"的电视剧非常流行，这说明女人不再满足于原来传统女人的社会性价值，而是希望拥有更全面的社会性价值。

这是一个很好的趋势，男人和女人的社会性价值的差异越来越小，越来越走向融合，相同点也越来越多。无论对社会的发展、个人的完善，还是男人和女人的互相理解和幸福，这都是有益的。而无论男人还是女人，要想拥有更大、更自由的择偶权，不仅要具备传统男人或女人的那部分社会性价值，还要具备异性的社会性价值，这样的人更容易成为异性择偶时的首选。

在通过了动物性价值的筛选之后，男人和女人就开始通过频繁的接触来了解对方的社会性价值。如果彼此对这方面也满意，他们便有可能确定恋爱关系。

情绪价值：为什么你很"优秀"却被对方淘汰

现在，提到亲密关系，有的人就会说："最好的伴侣就是能够提供情绪价值的伴侣。"尤其是那些经济独立的人，更是把情绪价值提升到了至高的位置。他们觉得，如果对方不能给自己提供情绪价值，那就没有选择他 / 她的必要了！那情绪价值到底是什么呢？为什么它对这些人这么重要呢？

什么是情绪价值

严格来说，情绪价值是一个人给对方提供的正面情绪体验和负面情绪体验之间的差值，差值越大，说明他 / 她给对方带来的情绪价值就越大。不过，大众口中所说的情绪价值往往指的是给对方带来的正面情绪。你给对方带来的正面情绪越多，对方肯定就越舒服，同时会认为你是一个具备情绪价值的人。

情绪价值不单单指情绪，也包括认知、行为模式和人格完善度。把它细化后，它是这样的：认知（遇到事情如何解决、有哪些主动思维）、情绪模式（遇到事情有哪些情绪、如何处理自己和他人的情绪）、行为模式（遇到事情会采取哪些行动、日常有哪些行为反应和沟通习惯）、人格完善度（情绪、乐观、责任、开放和容易相处）。

情绪价值并不是人类所独有的，动物也具有情绪价值，比如小猫、小狗也能够陪伴我们并给我们带来快乐。但是动物所提供的情绪价值无法和人类所提供的相媲美，因为人类的情绪价值更加丰富。正如上面所说，除了情绪之外，情绪价值还包括认知、行为模式和人格完善度等；同时，情绪价值也更加复杂，人除了有意识之外，还有潜意识，而潜意识非常难以捕捉，所以能满足对方的潜意识并为其提供高境界的情绪价值是非常不容易的一件事。这提醒我们，应该珍惜能为我们提供情绪价值的人。

情绪价值重要却不易得

为什么情绪价值对人这么重要呢？这是因为动物性价值和社会性价值决定的更多的是人的生存，而情绪价值却决定着人内心的幸福。而且，人的寿命比动物的更长，人在漫长的一生中都要与情绪、感受为伴，因此人自然非常重视自己的感受。如果某个人不能给我们带来更多的正面情绪感受，那么我们就不太想和他 / 她多相处。

尤其是现在，人们的生存问题已经基本得到解决，无论男人还是女人，大部分人的基本物质生活条件几乎都不依赖于对方，因此人们自然就更加重视情绪价值了。过去，除了生育价值之外，男人在乎的就是女人是否温柔体贴；现在，女人对男人也有同样的要求，她们喜欢体贴的弟弟型恋人，因此姐弟恋也越来越多，除了因为女人也开始注重男人的颜值之外，也因为弟弟型恋人更加温柔体贴，能提供情绪价值，与有些大男子主义的传统男人相比，他们温柔许多。一言以蔽之，现在的人更重视情绪价值，不过是马斯洛的需求层次理论在起作用罢了——人在低级需求得到满足后，开始追求更高级的需求。

　　情绪价值虽然重要，但是人们很难获得。我们会发现，不会好好说话、不懂管理自己的情绪、不懂给对方提供情感支持的现象在亲密关系里比比皆是。究其原因，首先，是几千年来人们把更多的注意力放在了动物性价值和社会性价值上，还有不少人没有意识到情绪价值的重要性；其次，大部分人不具备提供情绪价值的能力，因为几千年来我们缺乏这方面的训练；最后，有些人可以提供一时的情绪价值，却无法提供长久的情绪价值，因为提供情绪价值需要有足够的意愿（动机）、耐心和行动，并不是时时都能提供的。男女双方在确定恋爱关系后，对这段关系有了安全感，再加上近距离、频繁地相处，真实的面目便暴露了出来，带给对方的消极感受也就会多起来。尤其是一些男人，在追求阶段很愿意付出情绪价值，但追求成功后他们觉得"猎物"已经到手了，于是提供情绪价值的意愿就降低了很多，不愿意再"哄"对方了。

　　所以，虽然我们渴望情绪价值，但它在亲密关系里仍然是稀缺品。

缺乏情绪价值，再"优秀"也有可能被淘汰

　　在亲密关系中，我们可能无法理解这样一种情况：有些人

的动物性价值和社会性价值并不高，却能够获得优秀男士或女士的青睐。反之，即便你的其他条件再好，如果不能给对方提供情绪价值，那也有可能被那些在乎情绪价值的人淘汰。如果你留心观察就会发现，生活中的确有一些条件"优秀"的男士或女士依然单身，他们自己也很疑惑："我明明什么都有，可是为什么不被选择呢？"其实，他们并不是什么都有，比如他们就不能提供情绪价值。

所以，在择偶时很多人通过了对方对自己的动物性价值和社会性价值的考验，却败在了这一关。而那些能够给对方提供情绪价值的人，则有可能通过对方的筛选，进入婚姻的殿堂。

合适的伴侣一定是能满足对方需求的伴侣

一对合适的伴侣一定是在动物性价值、社会性价值和情绪价值这三方面都比较匹配，或者是这三方面的综合价值比较适配的伴侣。在生活中我们一定见过这样的伴侣：女方的社会性价值可能比较低，比如不会或不爱做家务，但她的生育价值和情绪价值比较高，比如长得漂亮、身材好，还很会照顾对方的情绪，那么她就有可能获得一个动物性价值和社会性价值比较高的男人的青睐。我们也见过在某一方面特别不般配的伴侣，比如外形或经济条件不般配，那多半是他们在情绪价值方面特别能满足对方。我的一个咨询者，长相非常普通，她的老公却很帅。了解情况之后我发现，她性情温柔、善解人意，能给老公提供极高的情绪价值。

所以，合适的伴侣一定是能满足对方需求的伴侣，在互相满足的过程中培养感情、滋养对方。当然，它也很现实——用我有的价值去换取你有的价值，甚至有时候它就是一种赤裸裸的交易。遇到这种情况，我们也不必悲观，因为人就是既需要情绪价值，又需要动物性价值和社会性价值。只是社会发展到今天，只追求单一价值的人越来越少，追求综合价值的人越来越多，这说明人对情感的终极需求是幸福。

爱情价值：为什么有人要苦苦追寻爱情

如果你问某些人的择偶条件，他们回答："长得好看，有车有房，工作稳定，会做家务。"那我们大多会点头表示同意，因为过日子不就需要这些嘛！但如果他们回答："没什么条件，主要是看感觉了！"那我们多半就会摇头表示否定：看感觉？那你就惨了！爱情和灵魂伴侣哪有那么好遇上的！

这时，他们往往会报之一笑，说出那句被他们奉为座右铭的徐志摩的至理名言："我将于茫茫人海中访我唯一之伴侣，得之，我幸；不得，我命。"

徐志摩的这句话，让那些相信爱情的人更加理所当然地追求起爱情的价值来。

什么是爱情价值

要想弄清楚什么是爱情价值，就需要先弄清楚什么是爱情。简单地说，爱情是两个人之间相爱的情感，是人与人之间强烈的依恋、亲近和向往，以及无私并且无所不尽其心的情感。爱情虽然由情爱和性爱两部分组成，但情爱是爱情的灵魂，性爱是爱情的附加属性。真正的爱情须具备三个要素：亲密、激情和承诺。亲密是指情侣之间的紧密联系，激情是指他们之间的炽烈情感和浪漫，承诺则是指他们之间的责任和长期的忠贞。

那什么是爱情价值呢？通俗地说，它是男女双方在择偶时不看重物质、身份、地位和外形等外在条件，而看重彼此心意的相通、心灵的默契、情感的共鸣和三观的契合。在他们的认知里，婚姻不是等价交换，也不是强强联手、利益最大化，而是灵魂的共振。他们把这样的伴侣称作"灵魂伴侣"。

从心理学上讲，真正的爱情是两个真实自我的碰撞。那什么是真正的自我呢？英国精神分析学家唐纳德·温尼科特说人有"真我"和"假我"之分。"真我"是指一个人真实、内在的自我，包括人的感情、欲望、想法和体验，是一个人最真实的需求和感受。在孩童时期，因为一个人比较有安全感，所以他更容易呈现出"真我"状态。但随着渐渐长大，为了适应外界的压力和让"真我"不受伤害，人不得不给这个"真我"戴上面具，于是形成了"假我"。当用"假我"去和异性相处时，无论看起来关系有多好，也很难产生真正的情感链接，产生的只是"假性亲密"。但爱情是两个真实的自我相互碰撞后产生的火花，是两个真实的灵魂的相互照见——彼此真实、深层次的需求被看见并互相满足的过程。所谓"灵魂伴侣"，指的就是满足了自己这种需求的伴侣。

追求爱情的人追求的就是这种价值——真实的自我得以呈现并被接纳、真正的需求被看到并被满足后所带来的强烈幸福感。

人们为什么要苦苦追求爱情价值

真正的爱情是非常难以得到的。首先，维持长久的亲密、激情和承诺比较难。其次，能遇到彼此能够接纳"真我"并互相满足真实需求的人非常难，因为很难找到一个让我们那么有安全感，使得自己愿意摘下面具用"真我"跟他好好相处的人。最后，男女之间有巨大的差异，能互相理解已属不易，追求灵魂共振无疑如同渴望买彩票中大奖。

有人说：既然得到真正的爱情这么难，那为什么人们还去追求爱情呢？我身边就有一个这样的朋友，为了追求爱情、等待灵魂伴侣而单身多年。我问他："你这样做值得吗？"他说："当然值得，爱情太美好了！当你找到懂你的那个人时，她给你带来的强烈幸福感，根本不是物质、身份和地位这些东西所能媲美的。这些给我们带来的更多的是身体的舒适和单纯的快乐，而爱情带来的感觉就像是你孤独地行走在黑夜的沙漠中时，有人给了你一盏灯、一杯水，也像你回到了孩童时期，你的好和坏统统被'拥抱'。"

是的，在这个世界上，我们每个人虽然有家人、朋友，但仍然是孤独的，因为我们的灵魂很难被很好地看见和呵护。有一对恋人兜兜转转很多年后仍然在一起，原因就是女方所说的："只有在他面前我才可以像一个孩子一样。"而男方也说："在我面前她不需要装大人，而我觉得即便她像一个孩子也很可爱。"

这就是一些人追求爱情价值的原因——卸下"假我"带来的不快，享受"真我"互相碰撞带来的极大快乐。

现代社会，我们该如何面对爱情价值

真正的爱情确实对人有着强大的诱惑力，哪怕我们清醒地知道它不易产生——这也是当年琼瑶小说得以流行的主要原因。但是如果我们把它当作主要的人生理想，付出过多的精力去追求，那我们很可能就会失望，因为它产生的概率比较小。有人调侃："遇到灵魂伴侣的概率比中大奖的概率还小。"确实是这样的，我的一位咨询者执着于寻找爱情，但找了大半辈子也没找到，导致错过了最佳择偶年龄。

所以，如果你渴望灵魂伴侣但同时又想结婚，那最好给自己设定一个期限，如果到了 30 岁还没找到，那不妨就找一个动物性价值、社会性价值和情绪价值较为匹配的伴侣，这也不失为一种不错的选择。

但是，最好也不要走另一个极端——那就是再也不相信爱情了。其实爱情一直都存在，从古代的李清照与赵明诚，到现代的钱锺书和杨绛、林徽因和梁思成，包括现在我们身边的一些人，一直都在用幸福的婚姻向我们证明爱情的美好，所以我们不应该否定爱情的存在。

比较正确的态度是相信但不迷信爱情，追求爱情但也要懂得及时止损。当然，如果有人非要一条道走到黑，这辈子就执着于追求爱情了，那我们也要尊重他的选择。

不过，事实是大部分人都意识到了纯粹爱情、灵魂伴侣只属于少数幸运儿，所以并不会爱情至上。但个别人却因为特别渴望爱情而被情感骗子骗财骗色，所以我们要警惕：当爱情接近自己时可能是真爱，也可能是毒药。

　　总之，择偶是一个复杂的过程，它既有功利的一面——用我有的价值去换取你有的价值；同时它又有非功利的一面——在很多人的内心深处也是很渴望情感的纯粹、真爱的美好和相互滋养的幸福。于是，有人从现实的角度选择了前者，也有人从理想的角度选择了后者，但其实更多的人是两者兼顾，从动物性价值、社会性价值、情绪价值和爱情价值四个方面进行综合考量，或者根据自己的情况有所侧重，最终做出同时满足更符合现实、更有利于自己、更容易让自己幸福这三个条件的选择。这说明大部分人在择偶时追求的是对方的综合价值，这也告诉我们：只有提高自己的综合价值，才能在婚恋市场上拥有更多的选择权，更容易获得自己想要的幸福。

02 男女差异：
为什么我们相爱却又有距离

思维方式：理性脑和感性脑的战争

著名漫画家朱德庸说，男人没有了女人就没有乐趣，有了女人就没有了生趣。如果你不了解男女之间的差异，那就没办法理解这句话的内涵。

人们没办法理解的还有很多：为什么女人还在生气，男人就已经呼呼大睡了？为什么男人把女人追到手了就晾在一旁？为什么男人能管理好有几百个职员的公司却做不好一两件家务活？

很多时候我们可能都在怀疑：男人和女人的存在是不是天然就有故意作对的成分呢？带着这些疑问，多年前我就开始研究亲密关系，今天我终于弄清楚了他们"故意作对"的原因。

当然，我说的这些原因都是倾向，而非绝对。

男人更理性，女人更感性

假设一对情侣正在吵架，其中一个人的大脑在想："你居然敢吼我？你以前从不会用这样的语气跟我说话的。你怎么还不来哄我？你变了！"而另一个人的大脑在想："到底发生了什么？是谁的问题？能不能解决？如果能，怎么解决？"

相信大部分的男人和女人都已经"对号入座"了！没错，前者是女人的想法，后者是男人的想法。

为什么男人和女人吵架时他们的想法如此不同？脑科学家们为我们揭晓了答案：人类的左右脑中间有一个"隔间"，男人大脑的"隔间"比较结实，就像钢筋水泥一样，因此他们的左脑在思考的时候，右脑的情绪中枢就不会来打扰，于是他们就可以理性地思考问题。但女人就不是这样，她们左右脑之间的"隔间"像海绵，中间有很多洞，因此她们的左脑在思考问题的时候，右脑的情绪中枢就会来掺和意见，使她们没办法理智地思考。

所以，男人和女人吵架时，女人的情绪特别强烈，男人则能理智地思考事情如何解决。

除此之外，男人和女人不同的社会职责也是造成这方面差异的重要原因。在远古时期，男人负责狩猎，所以他们必须保持冷静才能避免危险。之后，他们虽然不需要狩猎了，但依然要与其他男人竞争以生存下来，他们必须专注某件事才能赢得竞争，因此就忽略了自己的情绪，当然也忽略了别人的情绪。

但女人就不同了，她们的生活环境相对安全、轻松，因此有足够的时间、空间关注自己的情绪。而她们的情绪大多来自和自己的生存息息相关的男人，男人有没有给自己带回来物资、爱不爱自己、会不会抛弃自己，这是她们经常在思考的问题。

所以，男人关注的是生存，是具体的事情，而女人关注的是男人和自己之间的关系以及这段关系带给自己的感受，由此我们可以得出这个结论：男人理性，女人感性。

男人不但理性，而且，即便有了情绪，也消失得很快。

生活中，以下这个场景让很多女人抓狂吧：吵架的时候，吵到一半，老婆气还没消老公就已经呼呼大睡了。老婆一看更来气了，一把把老公抓起来并质问："你竟然还能睡得着？架还没吵完呢！起来，继续！"

为什么在这样的情况下老公还能安然入睡？其实这是受大脑中血清素的影响。血清素掌控着我们的情绪、睡眠和记忆，当它比较多的时候我们的心情就会比较好。因为男人大脑合成血清素的速度比女人的快，所以他们更容易摆脱负面情绪，心情好了自然就睡得着了。

瑞士巴塞尔大学"分子与认知神经科学"研究小组曾对696名测试者进行了测试，数据表明，女性在受到消极情绪信息的刺激时，大脑中与情绪处理相关的区域如杏仁核、前额叶等呈现出更为广泛和持久的激活状态。相比之下，男性这些区域这时的活动强度较低，激活状态持续时间较短。

种种证据表明：男人更加理性，而女人则更情绪化。这个差异带来了男女间的很多不同和摩擦。女人说："心情不好，我想找你聊聊。"男人说："什么让你心情不好？说出来我帮你解决。"男人一本正经地跟女人讲事实并分析其中逻辑，女人说："我不想听你的逻辑，你态度不好。"男人兴致勃勃地跟老婆聊足球、军事，老婆却指着手机说："你看这个女明星又离婚了。"女人与男人分手没几天又哭着回来找男人，而男人与女人分手了却再也没回来找女人。男人给女人买房买车，女人却说："你不爱我，'5·20'那天你都没有给我发红包。"……

有时，这甚至成了男人和女人之间无法调和的矛盾：女人在乎感受，而男人却常常忽略她的感受，女人因此对男人感到不满，男人觉得这个女人太麻烦了，于是就想躲避或离开她。当女人要求男人关注她们的情绪的时候，男人的应对之策不是解决这个女人的情绪，而是解决这个麻烦的女人，因为麻烦的女人他们看得见，而女人的情绪他们看不见。

不过，太在意自己的感受却是女人的短板。一方面，这样容易导致自己对男人失望。另一方面，容易让自己遇到渣男，因为有些男人利用女人这个特点投其所好，为她们提供极高的情绪价值，目的却是吃软饭或者诈骗。

男人的思维是猎手思维，女人的思维是猎物思维

有多少女人曾发出疑问："为什么男人追到我之后就不像以前那样对我那么好了？"

因为他们是猎手啊！

在远古时期，男人为了捕到猎物而全力以赴，那捕到猎物之后呢？肯定要转移目标去捕新的猎物呀！男人捕猎的历史长达 200 万年，猎手思维早就刻入了他们的基因，游戏、工作、资源甚至女人，都是他们的"猎物"。所以，热恋期过后男人就会对女人冷却下来，其思维逻辑就是：既然猎物已经到手了，那我还需要继续付出吗？肯定不要了，因为我要去打新的"猎物"——比如工作、朋友等。

所以，男人是目标性很强的动物，为了得到目标他们愿意付出，但是得到目标之后他们就会停止或减少付出。当女人控诉男人"把自己追到手之后就变了"的时候，男人常说："我没变！"其实这不是他们在狡辩，而是在不同阶段的真实表现。他们在追求女人时的热情是真的，现在不想那么热情了也是真的。

但女人思维显然不是猎手思维，她们被动、等待，等着成为男人的猎物，并以此为荣，甚至竞相成为男人的猎物，也就是"雌竞"。男人之间也有"雄竞"，但"雄竞"竞争的是事业，

而"雌竞"竞争的是男人，所以男人在发展事业的道路上越走越远，女人在取悦男人的道路上越走越远。当然，随着时代的发展，这一点也正在发生改变。

猎人和猎物看起来是一对和谐的关系，但和谐中又有矛盾。猎人和猎物之间必然有对峙的时候，所以男人和女人在追逐和被追逐的过程中也常常对抗，而且猎物也不甘心一直当猎物，一有机会她们就想占上风，这就是亲密关系中的权力斗争。

这个差异在具体的事情上也有不同倾向的表现：离婚的时候，男人的第一反应是保住自己的财产，而女人的第一反应是保住自己的孩子；安排生活的时候，男人想的更多的是未来，而女人想的更多的是当下；做事的时候，男人首先考虑的是结果，而女人首先考虑的是过程；想做一件事情时，男人总能立刻就去做，而女人想来想去却没有行动……

男人的思维是单一思维，女人的思维是多重思维

在厨房里最容易出现的"夫妻战争"是老公在洗菜，稀饭溢出了锅，老婆见到后就骂他："锅就在你旁边，你看不见吗？"老公很委屈地说："我在洗菜，我哪有两双眼睛？"老婆一听便火冒三丈："那我是怎么一边做饭一边洗衣服，还一边带孩子的？"老公悄悄嘟囔一句："我怎么知道！"其实男人是真

的不知道。

为什么女人可以同时做多件事而男人却不能呢？这是因为女人的思维是多重思维，而男人的思维是单一思维。这还与古时男人狩猎有关，他们在狩猎时必须全神贯注，否则就会发生危险，所以他们形成了当下只做一件事情的习惯和能力。

但女人就不一样了，在人类进化的过程中，她们主要负责在家里养育孩子，而家里环境安全、压力较小，不需要高度专注，所以她们的状态是放松的，可以同时兼顾多件事情。我们可以想象以下这个画面：一群女人一边洗衣服一边聊天，还一边看着眼前玩耍的孩子，同时就把几件事干了。

如果用电脑的 CPU 来打比方，男人的大脑是"高主频单核心"，而女人的大脑则是"低主频多核心"，这就决定了男人能够在自己专注的领域达到一定高度，而女人则可以游刃有余地处理繁杂的精细工作。

所以，男人主导全局，而女人负责细节；男人生活单一，而女人生活丰富；男人的思维是直线思维，而女人的思维是发散思维，所以男人得了一个"光荣"的称号——直男；男人善于把复杂的问题简单化，而女人喜欢把简单的问题复杂化……

男同事送给女生一瓶饮料，其男朋友喝了一口后觉得挺好喝的，便说："我们下单买一箱吧！"如果这瓶饮料是女同事送给男生的呢？其女朋友就会问："为什么女同事要送你饮料，她这是什么意思？你为什么会接受她的饮料？你这是什么意思？"

这就是男人和女人之间许多矛盾的根由——思维不同。很多女人常常把男女之间的差异解读成"他不爱我"的证据，从而让男女之间的差异成了毁坏自己亲密关系的杀手。

不过，这并不可怕，可怕的是我们不了解这些差异，以为对方和自己一样，因此想当然地让对方以自己想要的方式去和自己相处，从而带来很多摩擦和痛苦。而今天我们了解了这些差异后才恍然大悟，原来亲密关系是有"道"的，而提高认知就是拥有"道"的前提。

沟通方式："多喝水"为什么让女人抓狂

用"误解是常态，理解是意外"来形容男女间的沟通差异再准确不过了。男女间的沟通常常是鸡同鸭讲，有时候明明态度很诚恳，却又很失望。下面这段经典的对白大家都听说过吧。

女孩："我来例假了。"

男孩："多喝开水。"

女孩："呵呵……"

男孩："怎么了？我说得不对吗？"

女孩："对、对、对……"

但是说得很对的男孩却走不进女孩的心。这是为什么呢？

男人解决事情，女人倾诉心情

做情感咨询这么多年，我接触过无数男男女女向我倾诉感情问题，男人通常是这样讲的："事情大概就是这样，你看应该怎么解决？"而女人却是这样讲的："你说他怎么可以这样对我呢？我对他那么好！我俩刚认识的时候……"她们一边说一边哭，喋喋不休说上半个小时，痛诉男人的无情和自己的委屈。哭够了，也说够了，她们终于想起来问一句："你说，我应该怎么办？"

毫无疑问，男人和女人的沟通目的有着天壤之别：男人主要是解决事情，而女人主要是倾诉心情。对男人来说，事情解决了，情绪也就消失了；而对女人来说，心里的委屈说出来了，事情就解决了一大半。其原因正是男女思维的不同——男人理性，所以他们关注事情；女人感性，所以她们关注心情。因为多喝开水就能解决肚子疼的问题，所以男孩说"多喝开水"，但女孩想听到的却是："心疼你，抱抱你。"

关注点的不同常常带来沟通时的摩擦，当女人絮絮叨叨地讲述自己的感受时，男人却不想聆听："等你冷静一点儿再说吧！"他们不知道的是，女人只有说了才能冷静；或者男人非常不耐烦地说："你说这些有什么用呢？"他们不知道女人对有用的理解和他们对有用的理解不一样——他们认为解决问题才算有用，而女人认为能让心情舒服一些就算有用。

最后，男人和女人给出了不同的结论：男人觉得女人情绪化，而女人则觉得男人冷漠。

女人喋喋不休，男人沉默不语

在女人心中，男人最冷漠的表现还不是不愿聆听，而是即使听到了也没有回应，即所谓的"冷暴力"。

女人最渴望交流时男人却紧闭嘴巴、关闭心门，哪怕这样做的代价是结束这段恋情。男人为什么不喜欢沟通？他们明明知道这样做会伤害女人。

首先，男人害怕面对女人的情绪。男人对情绪不敏感，面对女人的情绪他们会手足无措，感到压力，于是就用沉默对抗这种压力。

其次，男人不擅长表达自我和情绪。女人大脑中连接左右脑的胼胝体更加发达，左右脑可以同时工作，这使得她们可以更快地整合信息，把情绪转换成语言，但男人就要慢很多。《女性大脑》一书的作者、著名心理学家卢安·布里曾丹曾指出："男性大脑在母体孕育的过程中，其主管交流、情感和记忆的区域受到了睾丸激素的抑制，因此男性通常不如女性健谈。"所以，并不是男人要刻意实施"冷暴力"，而是他们做不到像女人那样"畅所欲言"。

最后，男人厌烦女人的喋喋不休。布里曾丹还指出："由于大脑构造的不同，女人每天要说2万字，男人每天只需要说7000字。"那么这7000字，男人在外面工作一天可能就说完了，回到家只想闭嘴休息一下。同时，基因也决定了男人"习惯沉默"。在原始社会，男人打猎需要隐忍、等待，在安静中积蓄力量，而说话会破坏这种状态，耗费他们的精力。所以，面对女人的喋喋不休，男人难免感到厌烦、无力。

但不管怎样，这一点都是男女间沟通中的最大障碍，也是女人在情感关系中最大的痛。英国精神分析学家温尼科特说："没有回应之地即是绝境。"所以，只要男人沉默，女人就会抓狂；只要男人实施冷暴力，就有可能导致一段恋情结束。

男人在乎对错，女人在乎感受

"不要和女人讲道理。"这句话我听男人说过，也听女人说过。但是他们说这句话的意思却完全不同：男人的意思是，女人都是不讲道理的，所以不要跟女人讲道理；而女人的意思则是，女人在乎的是感受，如果没有安慰到她的感受，那么再正确的道理都是正确的废话。可惜很多男人并不理解女人为什么"不讲道理"，只会把她们想要沟通感受的诉求当作胡搅蛮缠，然后拼命和她们分辨对错，最后分辨清楚了对错，却失去了女人的心。所以很多情感专家说，在亲密关系里对方的感受比对错更重要。其实，对男人来说也是如此，只不过女人的这种诉求更加强烈。

男人为什么喜欢分辨对错呢？这是因为男人沟通是为了解决问题，而只有弄清楚了对错才能更好地解决问题。那女人真的是不讲道理吗？并不是，她们只是需要先解决情绪再来讨论事情。

这种沟通内容和节奏的不同，导致男人和女人在沟通时常自说自话或者吵架，而且吵了都不知道为什么吵。

女人喜欢暗示，男人喜欢直接

下面也是男人和女人之间经常出现的经典对话：

男人："'5·20'那天你想要什么礼物？"

女人："我说了还有什么意思？"

男人："你不说我怎么知道你要什么啊！"

女人："你不是爱我吗？那怎么还不知道我要什么呢？"

男人："我……"

男人无法理解女人这个逻辑，也就是无法理解为什么"我爱你"和"我知道你要什么"之间要画上等号。女人却很笃定这一点："爱我就必须懂我，懂我就要知道我要什么。"男人常常在这种逻辑面前败下阵来，作为"直男"，女人说了他们都会买错，何况女人还不说呢！但女人就是特别在乎这种默契，她们希望一个眼神、一句暗示，甚至连暗示都不需要男人就知道自己想要什么。

为什么女人喜欢玩"猜猜猜"的游戏呢？其原因还是她们更在乎感情和感受的心理在作祟，觉得男人能猜中自己要什么就代表男人关注、爱自己。当然，这也是女人没有安全感的表现，需要通过种种细节来考证男人是否爱自己。所以，一旦男人猜中了，女人就会对男人多一份认同。但有这份默契的男女并不多，"身无彩凤双飞翼，心有灵犀一点通"只是一种美好的想象，除非男人把自己所有的注意力都放在女人身上，比如在恋爱阶段他们通常就是如此。所以女人常常苦恼：恋爱时你知道我要什么，现在怎么就不知道了？其原因就是"猎手"转移注意力了。

有差异，所以更需要沟通，但沟通又制造出更多的差异。那这个问题无解吗？不，有解。男人和女人各自去了解对方的思维，尝试用对方的方式去沟通，差异就会越来越小，心距就会越来越近，所以有人说高情商的人都是雌雄同体。

价值观：有时候爱留不住一个男人

千百年来，一个问题始终困扰着一些女人：为什么明明自己是贤妻良母却不被男人所珍视，甚至惨遭抛弃？我在做咨询中常常遇到女人问这种问题："我对他这么好，把家照顾得这么好，他究竟还有什么不满意的呢？"

是啊！这是为什么呢？

另一个问题也困扰着一些男人，在女强男弱的伴侣关系中，男人明明可以不用那么累，却常常对婚姻感到不满意，甚至度日如年，他们不能心安理得地"吃软饭"，仅仅是面子的原因吗？

男人的价值来自肯定，女人的价值来自被爱

从狩猎时期开始，男人的任务便是养家糊口，通过参与社会竞争为家庭获得更多的财富。他们获得的财富越多，受到家人和社会的尊重就越多，于是获得家人和社会的肯定就成了男人的价值来源，手段则是获取更多的财富。

但女人就不一样了，在几千年的社会发展中，女人基本不参与社会竞争，她们只需要通过与其他女人竞争而得到某个男人的肯定就可以。男人肯定一个女人的方式便是关注和爱她，

他们为一个女人付出的时间、精力和金钱越多，女人就越有被爱的感觉，也越感到自己有价值；而男人越被认可、欣赏和依赖，就越感到自己有价值。

简而言之，女人通过被爱获得价值感，男人通过价值确认获得被爱的感觉。

我们来回答开头的两个问题。第一个问题：为什么自己明明是贤妻良母，对男人那么好，男人却不满意？这是因为男人无法从女人对他的好中感觉到被爱，他更需要的是价值确认：当被一个女人欣赏、肯定和依赖的时候，他更容易得到满足，也就更愿意和这个女人在一起。

至于第二个问题：在女强男弱的组合中，男人为什么不容易获得心理平衡？这是因为当男人不能给家人带来更多的财富时，他就害怕家人或社会轻视他。即便家人并没有不尊重他，他自己也很难肯定自己。所以，与其说他对婚姻不满意，还不如说他对自己不满意。

男女价值观的不同带来了哪些相关的差异呢？主要有以下这些差异：

社会期待男人建功立业、养家糊口，期待女人相夫教子、照顾家庭；男人活着是为了满足社会期待，女人活着是为了满足男人的期待；男人的首要任务是事业发展，女人的首要任务是平衡家庭和工作；女人对自己的身材、容貌要求更高，男人对自己这方面的要求则比较低。

同样地，随着社会的发展，现在这些差异正在慢慢缩小。

男人向外寻求价值，女人向内寻求价值

一位女演员在接受采访时被问道："请您谈谈女性成长吧！"她很纳闷地说："为什么总是让女人谈女性成长，怎么没听过让男人谈男性成长，难道他们就不需要成长了吗？"确实如此，最近几年女性成长的话题如火如荼，从名人到普通人，从书籍到社交媒体，都在谈女性成长。我在接受咨询的过程中也发现前来咨询情感问题的多半是女人，而即使面对情感危机，主动来咨询的男人也不多。这是为什么呢？仅仅是因为女人更在乎感情和感受吗？

其实，这是因为男人和女人成长的侧重点不同，成长的主要路径也不同。因为男人的价值需要通过社会竞争才能实现，所以他们就必须把更多的时间和精力用于向外探索，比如社交、工作和创造。很多结了婚的女人不明白男人为什么那么喜欢出去跟哥们儿"混"，其实他们的"混"并不是单纯意义上的吃喝玩乐，而是希望与更多的人建立起联系，以获取更多的竞争资源，同时在这种场合中展现自己的能力和地位，得到别人的肯定。

而女人的价值感更多来源于男人是否关注、疼爱自己，所以她们必须不停地修炼自己，以适应男人的需要，所以女人更

关注自我成长，包括主动去学习情感和家庭教育知识等。

而且，社会的发展使当今的女人变化非常大，她们既要承担之前照顾家庭的责任，又要像男人一样参与社会竞争，她们必须思考、学习和改变才能适应这个新角色，所以"女性成长"的话题就有了市场。而相对来说男人的改变就比较小，他们的注意力更多的还是在社会竞争上，获取价值的途径依然是向外的。这就决定了二者的社交方式不同：男人更喜欢社交、应酬和建立圈子，而女人在这方面的需求就相对少一点。

男人的价值感更高，女人的价值感更低

我有一个女性朋友，她的事业很成功，在职场上独当一面，有一段时间谈了个恋爱，突然就像变了个人一样，患得患失，害怕男人不够爱自己，更害怕分手。我说："拜托！你是总监，咱爱得高贵点行不行？"她说高贵不起来，她现在就跟普通的小女孩一样，卑微得像尘埃。

我当时就思索这个问题：为什么在情感关系里女人更卑微？没有事业的女人卑微也就罢了，可为什么事业成功的女人也是如此呢？

这是因为传统上女人的价值感更低。

毋庸置疑，一直以来男人获取价值的方式在于创造，他们

要创造出一定的东西——有形的或者无形的——提供给这个社会，这样才能换取物质财富。但女人就不一样了，现代社会之前她们并不需要通过创造来获取财富，而只需要把自己打造成男人喜欢的样子就可以获取生存空间。她们获取价值的方式本质上是取悦男人，等待他们给自己机会。

一个是主动创造，另一个则是被动等待，带给自己的感受自然不同：男人是自信的，价值感更高；而女人是卑微的，价值感更低。这种特质就像男人的猎手思维一样，已经被刻进了女人的基因里。即便现在女人也能够创造，甚至比男人创造得更多了，但一旦回到情感关系中，女人还是那个传统、卑微的女人。

男女差异是在缩小，但速度很慢，因为很难改变思维，那可是历经几千年而形成的思维。幸运的是，潮水一直在往前奔涌，虽然今天的女人还会索取爱，爱得卑微，但她们的意识已经苏醒……

爱情观：爱情的"保质期"究竟有多长

在一次聚会上，朋友们聊起对爱情的看法，其中一个女性朋友说："心理学家说爱情的'保质期'只有 3 个月。"一位男士立刻接着说道："对我来说，爱情的'保质期'只有 15 天。"在场的女士面面相觑，我却知道他说的是真话。其实大部分的男人和女人都知道，爱情的新鲜感一定会褪去，只是女人认为那可能需要

3 个月甚至更长时间，而男人却认为那只需要 15 天甚至更短时间。

爱情是男人的追逐游戏，却是女人的幸福花园

如果让男人和女人为爱情画一幅画，我想男人画的应该是一场超长的马拉松或酷跑游戏，爱情只是其中的一段而已；而女人画的应该是一个鲜花盛开的花园。

为什么会有这么大的不同呢？谈恋爱时男人什么时候最投入？就是追求阶段，在这个阶段他们会拼尽全力去赢得女人的认可。追求成功之后，很多男人都喜欢把女人带到自己的哥们儿面前，当哥们儿夸赞"你的女朋友真漂亮 / 真不错"时，他们的内心得到了极大的满足。这种感觉就像在远古时期男人狩猎成功之后把战利品扛在肩上走在部落里，一路上被人称赞。这时他们获得的成就感比享用猎物时的更大。

所以，在男人的潜意识里，谈恋爱犹如狩猎，女人就是猎物、奖品。他们追求女人，和远古时期男人追逐猎物的心情极为相似，他们最享受的不是狩猎成果——确定恋爱关系后漫长的相处时光，而是追求过程中的挑战和追求成功的一刹那的兴奋和成就感。这种感觉也特别像玩游戏，男人最兴奋的不是闯关成功后，而是闯关过程中那种不确定性所带来的挑战和刺激。相比于享受爱情的甜蜜，男人获胜的动机更强烈。

但女人就不同了，她们向往的是恋爱关系确定后所带来的甜蜜感。在被追求阶段，女人的心情是忐忑的，她不确定这个男人是否可靠、真心对她，所以通常不会投入情感。只有确定恋爱关系后，她们的心才安定下来，放心大胆地投入到这段感情中，并对两个人未来的感情生活充满期待，这份期待既美好又浪漫，就像即将走进一个幸福的花园一样。

恋爱后，男人开始降温，女人开始发烧

但可惜的是，女人马上就会失望。

我有一个闺密，她被一个男人热烈追求了半年，终于答应做他的女朋友。闺密特别开心，觉得幸福的爱情生活终于开始了，但是不到半个月她的心就一点点地沉到了海底，因为男朋友已经完全没有了追求她时的热情，平时的嘘寒问暖明显减少，回一条信息的速度比乌龟走得还慢，陪她时也只顾玩手机。根据这种情况，闺密应该冷静下来，再考验考验他，但闺密已经控制不住自己，就像前一段时间的男友一样，她对男友展开猛烈进攻，电话轰炸，到男友公司门口堵人，见面之后恨不得每一分钟都腻着男友。男友不胜其烦，说她太黏人，希望她能给自己一点空间。

确定恋爱关系后男人的态度为什么急转直下？这是因为他的追逐游戏已经完成，他的爱情之路已经进入下一个阶段——

修整自己，然后去狩猎新的"猎物"，比如工作、朋友和游戏。可女人此时才进入恋爱的第一阶段，这是百分百投入的阶段，所以她心里怎么可能没有怨气呢？

这时候女人就会抱怨、质疑，于是男人就会认为女人在"作"，因此矛盾就产生了，双方都会觉得对方变了。其实他们并没有变，只不过表现出了另一种状态而已。如果处理不好，有些情侣就会在这个时候分手。

怎么解决这个致命的问题呢？其方法就是：第一，女人要降低对男人和爱情的期望，要了解他们的思维，对这个状况做出预判，这样就不会轻易失望。第二，女人可以制造出一种自己不怕失去男人但男人随时都会失去自己的感觉，这样会让他们永远保持对自己追逐的心理状态。我有一个朋友，她远嫁到另外一个城市，但老公始终对她特别好，总是害怕失去她。因为她在家乡有一套相当不错的房子，她会时不时跟老公开玩笑说："如果你对我不好，那我就回老家去！"所以，状态松弛、经济独立是女人掌握爱情主动权的法宝。

男人注重女人的生育价值，女人注重男人的生存价值

"你怎么又看美女？她有那么好看吗？她有我好看吗？"男人爱看美女，常常让女人吃醋。

男人对样貌姣好的女人特别偏爱。择偶时，如果男人对女人的外貌和身材满意，就很容易按下"喜欢"的按键。但女人就不同了，她们会重点考察男人的品质和能力，他们必须有可靠、坚毅等好的品质和较强的生存能力，才会被她们选择。

这样的区别源自什么呢？第一，男人择偶的目的更多的是传宗接代，婚姻制度设立的最初原因就是男人要把自己狩猎而得的财产传下去，那后代基因必须良好，而女人外形姣好则代表她们具备良好的基因和生育能力。第二，男人是视觉动物，狩猎的训练让他们的视觉更加发达，所以很容易扫射到外形姣好的女人，当然也更容易让他们分泌激素。这一点决定了男人择偶是看外表，只要女人的外形符合他们的要求，其他条件他们就不是那么在意。

而女人的生存能力有限，她们要依赖男人才能活下去，在怀孕和哺乳阶段更是如此，她们非常在乎某个男人是否靠谱、是否有能力照顾好她们，也因此她们对男人的外形要求不高，但对他们的品质、能力和财产要求很高，直到现在依然是这样的倾向。当然，随着时代的发展，已经有越来越多的女人可以接受能力不如自己的男人，但就像前文所说，女强男弱的组合不容易"经营"。

那为什么说女人是用听觉来谈恋爱，特别喜欢听男人的甜言蜜语呢？这是因为相较于男人的视觉发达，女人的听觉更发达。她们的思维是多重思维，常常需要耳听八方，比如一边做家务一边听着孩子是不是哭了。同时，女人重视感觉，注重交流，如果男人只是行为靠谱，她们觉得还不够，还希望男人能用语言向她们表达爱。可以说女人在感情中要的确实有点多，但这是因为男人决定了她们的生活品质。

在爱情这个游戏中，女人被动，易受到伤害，因为她们对爱情寄予了太高的期望，把它和自己的幸福捆绑了起来；但对男人来说却不是如此，因为他们把更高的期望寄托在事业上。这种差异带来的落差，常常是女人不幸福的根源。女人只有降低对爱情和男人的期望，拓展自己获得幸福的渠道，比如事业、爱好、亲情和友情，才是真正的解决之道。

性观念：男人因性而爱，女人因爱而性

在做咨询时，我经常会被女性问这样的问题："我正在和一个男人交往，彼此都有好感，但我们认识时间不长，我该怎么面对他提出的性要求？好像答应不妥，拒绝也不妥，好纠结呀！"而这种纠结在男人身上却很少看到，这是为什么呢？

男人性行为的动机是生理冲动，女人性行为的动机是爱的承诺

在情感关系中，男人对性的态度更加潇洒，他们更容易接受性行为，不太会把它当作关系进程中一件了不得的大事。但

女人却不是这样，面对性她们总是有心理担忧：如果不同意男人的性要求，他是否会认为自己不喜欢他？如果同意，男人是否会认为自己很随便？男人是否靠谱？发生了性行为之后男人对自己的态度会不会改变？女人心中会有许多这样的担忧。

为什么会这样呢？原因在于男人和女人的性动机不同：男人发生性行为的动机更多的是生理冲动和基因遗传，眼前这个女人在当下能让他产生激素、性冲动，可能是一个合适的未来老婆的人选，他就会想要发生性行为；但女人就不同，她们把性当作爱的承诺，因为彼此喜欢，想要发展一段长久的情感关系，才会想要发生性行为。她会把这件事当作情感关系中的一种仪式、一个转折点，发生了性行为，则意味着两个人的情感关系迈进了一个更重要的阶段，情感关系也会变得更亲密。

所以有句话这么说：男人因性而爱，女人因爱而性。或者说，男人先性后爱，女人先爱后性。

这当然会带来摩擦，男人有性要求时女人常常觉得为时尚早，并觉得男人是为性而性，缺乏爱的支撑，因此会拒绝或者不信任对方。

发生性关系后，男人开始占据主动，女人开始陷入被动

"得到我了他就不珍惜了！"这一点很多女人都知道。我们在

前面也分析过，因为男人的猎人属性，所以往往在追求女人成功之后他们就会减少热情。而追求成功最明显的标志是什么呢？那就是发生性行为。因为女人倾向于因爱而性，所以男人知道如果一个女人愿意和他发生性行为，那就预示着心已经归属于他。同时，女人的性观念深受社会文化和伦理道德的影响，一旦和某个男人发生了性行为，她对这个男人的态度就会从观望变为认定。因为很多男人知道这一点，所以才会把性行为的发生视为追求成功的标志。既然追求成功了，那他们就会放松下来，减少付出，而且笃定即便这样女人也不会离开。而女人这时就会失落，于是就发出那句千古感叹："男人啊，得到了就不珍惜了！"

这时候，两个人的关系会进入另一种状态：男人由之前的被动变为主动，女人则由之前的主动陷入被动。这种状态大部分的女人都经历过，比如深夜不睡以等待男人的电话，打电话追问男人为什么不秒回自己的信息，控诉男人为什么不多陪伴自己等。正是因为不愿意受这样的"苦"，所以很多女人会刻意延迟发生性行为的时间。

男人更无法忍受女人身体出轨，女人更无法忍受男人感情出轨

在我接触过的众多出轨案例中，有一条规律非常明显：男

人一旦发现女人出轨，多半会分手或离婚，能继续下去的很少；但如果女人发现男人出轨，会首先弄清楚他爱那个出轨对象吗？如果确定不爱，女人多半会选择原谅他。

为什么会有这样的区别呢？是女人不在乎男人出轨吗？并不是。一方面，和身体出轨比起来，女人更在乎男人是否感情出轨。因为在几千年的封建社会里，男人拥有三妻四妾在大多数时间被认为是合理的，所以直到今天，社会尤其是女人对男人身体出轨都相对宽容。另一方面，女人看重感情，只要确认男人的心没有出轨并愿意回心转意，她们就会在一番挣扎后选择原谅男人。

但男人就不同了，一是婚姻制度设立的初衷就是一个男人向其他男人宣告，这个女人是属于我的，其他男人不能碰，以此来保证自己的财产能传给自己的孩子。这同时也是在告诉女人：你，只属于我！几千年封建社会的发展也强化了这一点，所以男人对女人的忠贞度要求更高，对女人出轨的容忍度较小。二是男人知道女人大多是因爱而性，女人出轨了通常意味着她的心已经不在自己身上，因此留着一个不爱自己的女人也就没有意义了。

但是，随着社会的发展，我们发现这点差异也在缩小。现在大众更偏向于一种现象：无论男人还是女人，都无法容忍自己的另一半身体出轨或感情出轨，一些独立女性在这个问题上更是认知清晰。这其实是一种时代的进步，代表着男人和女人在这个问题上也逐渐走向平等。

和其他方面的差异一样，男人和女人在性方面的差异有生理的原因，也有社会的原因。不管是哪种原因，都不可能在短时间内有大的改变，尤其是前两个差异，这就给双方尤其是女人带来了一定的痛苦。但是，了解就是减少痛苦的开始，也是减少痛苦的方法。了解了这些差异，人们就会降低期望，有心理准备，容易接纳对方，而这正是我们探讨两性差异的意义。

解压方式：女人疯狂倾诉，男人"躲进洞穴"

在很多影视作品中都有这样的桥段：男人失业了，他每天还装模作样地去上班，宁愿在外面流浪也不愿意回家面对老婆和家人；而女人失恋了，就疯狂地打电话给闺密，哭哭啼啼诉尽自己的委屈，宁愿被全世界嘲笑脆弱也不愿意独自面对痛苦。男人拼命把自己的压力藏起来，而女人则拼命地把自己的压力释放出来。你有没有思考过这是为什么呢？

女人疯狂倾诉，男人"躲进洞穴"

我有一个咨询者说她和老公的关系出了问题，老公对她越来越冷漠，回到家后都不愿和她说话，因此她怀疑老公出轨了，但又没有任何证据。我告诉她："你侧面了解一下老公的工作和生活是不是出了什么问题。"于是她去问老公的同事和家人，才知道果然是老公的公司效益不好，要裁员；恰巧这时老公的父亲被查出疑患癌症，而这些她一点儿都不知道。我告诉她："你老公应该没有出轨，只是最近压力太大了。"她不理解老公有压力为什么不告诉她，夫妻就应该共同分担压力的呀！我说："这你就不了解男人了，他们面对压力时的表现和女人的不同——女人是向别人倾诉，而他们是独自扛下。"

关于男人的那个经典场景很多人都看过吧：下班了，男人并没有马上回家，而是把车停在车库。他坐在车里，点了根烟，默默地抽着，发着呆……此刻是他一天中最放松的时刻——工作中和家里的烦恼这一刻他都不用去面对，这一刻的轻松对他来说太难得了！哪怕只有几分钟，他也要好好地享受。片刻之后，他整理好仪容，挤出一点笑容，回家去。

这就是男人面对压力的方式：一个人待一会儿，冷静一会儿，思考一会儿，以琢磨对策。实在是释放不了压力，他们才会求助于人。而女人面对压力的反应却完全不是这样。

我有一个朋友，有段时间她失恋了，她对这段感情期望很高，原本是希望能结婚的。可分手后她却好像变了一个人似的，原本内向的她逢人就说她失恋了，男方真不是东西。她身边的朋友都还不错，变着法子安慰她，和她一起骂那个男人……她就这么像祥林嫂一样说了两个月，突然不说了。我问她怎么不提了，她说没什么可说的了，对这事已经没多大感觉了。我知道，她已经走出了失恋的痛苦。

这就是女人面对压力的方式——倾诉，甚至是反复倾诉，所以每一个女人几乎都有一个愿意充当"垃圾桶"的闺密。为什么男人和女人面对压力的反应如此不同呢？这是因为女人天生感性、敏感、细腻、喜欢倾诉，她们把所有想说的话都说出来并得到别人的理解，负面情绪和压力基本也就消失了。

但男人的思维是理性的，压力来的时候他们需要的是集中注意力解决问题，所以他们此刻需要的是独处、冷静思考。男人这时候往往变得很沉默，对其他的人和事会心不在焉，甚至反应迟钝，包括忽视自己的伴侣。因为男人的思维是单一思维，他们只能专注于一件事情上，但是女人不了解他们这个特点，就会把问题想得很糟糕，比如怀疑老公是不是出轨了。

除此之外，男人在面对压力时喜欢"躲进洞穴"，也跟社会期待有关——社会总是期待男人很强大，能解决很多问题，所以他们常常不想让别人知道自己解决不了问题，很弱。在影视作品或现实生活中都有这样的场景：一个女人看到男人面对压力时愁眉不展，就好心地送上关心，结果男人反而大发雷霆。女人对此很不理解，"我关心你，你却还怪我"，于是双方产生矛盾。这就是女人不了解男人的后果，因为女人此刻的关心在男人看来是同情，但他不需要同情，需要的是鼓励，需要女人对他说："没关系，我相信你一定能解决这个问题的！"为什么呢？因为男人更需要的是肯定，在他处于低谷时女人依然肯定他的能力和价值，这对他而言是极大的鼓舞。

所以，如果你发现男人遇到了难题或者沉默时，要么送上鼓励，要么别去打扰他。等他解决完自己的问题之后，他的注意力自然就会回到你身上。

女人疯狂消费，男人闷头喝酒

除了找人倾诉和"躲进洞穴"的不同之外，男人和女人在面对压力时还有一个明显的区别就是：女人喜欢买买买，男人喜欢喝喝喝。

网上有一个博主说她有一阵子特别喜欢买买买，但她买来的东西自己几乎不用，转手就在二手市场上卖掉。她为什么要这么折腾呢？这是因为她得了抑郁症，而只有疯狂地买买买才能让她心里舒服一点儿。

我有一个朋友，现在身材肥胖，但她以前很苗条。那她是怎么变胖的呢？是因为那一年她发现老公出轨了，于是就提出离婚，离婚前后，她开始疯狂地吃东西。她说，如果不吃她就不知道怎么熬下去。最后，婚离了，她也成了一个胖人。

为什么女人会通过购物、大吃大喝来释放压力？这是因为吃和购物能让人体产生多巴胺，而多巴胺能给人带来快乐——哪怕是短暂的快乐也能帮助人们减轻痛苦。

但男人不是通过这种方式产生多巴胺的，他们喜欢的是喝酒、开快车、打游戏、打球或跑步，这种极致刺激也能让他们在短暂的时间内产生更多的多巴胺。

为什么男人和女人会采取不同的方式产生多巴胺呢？这和基因有关。在原始社会，除了在洞穴里照顾孩子之外，女人还负责采集生活用品，比如木材、水果、坚果或者根茎类食物，采集得越多，女人就越有安全感。而男人获得安全感的方式不是获得物质，而是拥有掌控世界的技能，无论原始社会的狩猎，还是现代社会的开车、玩游戏、打球或跑步，都是一种技能。在面对压力的时候，无论男人还是女人都会有一种失控感，可能是失去工作、健康，也可能是失去恋人、家人等，而无论拥有物质还是技能，都会给人一种感觉：我还可以掌控这个世界，还没有失去所有。

但是，无论女人的疯狂消费还是男人的疯狂喝酒、开车，本质上都是一种失控，是情绪失控的外在表现。所以，在短暂产生多巴胺之后，男人和女人还需要采取更务实的方式来面对压力，解决问题。

男人善于应对急性压力，女人善于应对慢性压力

我有一个亲戚，年轻的时候她丈夫去世了，留下三个年幼的孩子。她没有再嫁人，而是独自将年幼的孩子抚养长大，看着他们结婚成家。我还有一个亲戚，他老婆去世了，也留下三个年幼的孩子，他将最小的孩子送给亲戚抚养，又娶了一个老婆照顾另外两个孩子。

按理说，男人养家糊口的能力比女人强，为什么他不能将三个孩子抚养长大？表面的原因是男人不擅长做家务、照顾孩子，但深层次的原因是他们的坚韧性不如女人。把一个孩子抚养成人，面对的是长年累月的辛苦和压力，以及众多大大小小的问题。虽然男人解决某一件事情、应对急性压力的能力确实比女人强，但是应对这种长期的慢性压力的能力却不如女人。所以我们常说："男人强大，女人柔韧。"

为什么会有这样的区别呢？这跟生理、基因有很大的关系，在面对急性压力的时候，男人体内分泌血清素的速度会加快，而血清素分泌得越快，人的负面情绪就消失得越快，所以他们在遇到急性压力的时候会比较冷静，而女人这时候常常会惊慌失措。

另外，在面对突如其来的急性压力时，雄性动物的学习能力也比雌性动物的强。科学家们曾做过一个实验：他们对小老鼠的尾巴进行电击，这时雄性小老鼠的海马体神经元之间的联系增多

了，而神经元之间的联系越多，动物解决问题的能力就越强，而雌性小老鼠的海马体却缩小了。但是，把小老鼠关在笼子里超过一个星期后，雄性小老鼠不仅海马体缩小了，记忆能力也受到了损伤，而雌性小老鼠的海马体和记忆能力却没有发生太大的变化。经过研究，科学家们找出了这种现象背后的原因，当面对长期的慢性压力时，雌性小老鼠体内的雌性激素会对它们起到保护作用。

所以，男人和女人面对压力的反应各有优势与劣势。这也告诉我们，男人和女人互相合作，通常能生活得更好。这也是我们学习男女区别的重要目的——不是为了彼此有距离，而是为了更加了解和理解对方，从而能够相处、合作得更好，让彼此都更幸福。

03 情感尺度：
爱一个人，永远不能超过爱自己

婚姻不能为你的幸福担保，但独立可以

  社会发展到今天，人们对婚姻的警惕性空前提高，越来越多的女性逐渐意识到婚姻是有风险的。现在社会变化快，人们的压力增大，婚姻的变数增大了，谁也不能保证身边的这个人会永远爱自己，也不能保证他 / 她让自己永远过上衣食无忧的生活。而且，有些人的亲密关系中还充斥着语言暴力、冷暴力、出轨、家暴和经济纠纷等。最可怕的是，一旦选择不当，恋爱和婚姻还有可能给自己带来灾难。曾经热映的电影《消失的她》中，女主非常爱男主，而男主爱的却是女主的钱，为了得到女主的钱替自己还赌债，男主杀死了女主。据说这部电影是根据真实事件改编的，实际上，在网络上我们已经看到了类似事件。虽然这些事件只是个例，但依然增加了女性对婚姻的恐惧。

这些都让我们不得不提高警惕，不能寄予爱情和婚姻太大的期望，至少女人不能把终身的幸福完全寄托在男人身上，于是部分女人将注意力转到了自己身上，觉得自己必须有让自己幸福的能力。这个能力就是独立——不只是经济独立，也是情感独立。

但是，对大部分的女人来说，要想立刻醒悟并做到独立谈何容易！因为女人依附男人几千年了，这种心理就像基因已经刻进了骨子里一样，很难在短时间内改变。

我有一个朋友，她有研究生学位，工作能力很强，在职场打拼了小十年，终于做到部门总监的职位，并觅得一个不错的男朋友。感情稳定后，她在工作上明显没有以前那么努力了，有时因为工作中出点小差错而挨上司骂，她也不在乎。我们提醒她："你打拼多年很不容易，要维护好自己的成果哦！"她却说："如果还像以前那么累，那我干吗要找男朋友？"

如果你只听她的前半段故事，一定觉得她是一位独立女性，但其实她骨子里还是一位想依赖男人的传统女性。一位女性是否独立，最重要的是看她在精神上是否摆脱了依赖他人的意识或潜意识：一位女性月收入3千但不依靠他人，另一位女性月收入3万却仍然幻想依靠他人，其实前者更独立。

我还有一个朋友，她和老公同为名牌大学毕业生，两人的事业发展得都不错，收入也差不多。生完小孩后，她几乎没有一点犹豫就自动退出了职场。她和老公都没想过，其实男人也可以为家庭做出牺牲，或者各自牺牲一些。

我们的社会大众包括女性自己似乎都已默认，如果工作和家庭发生冲突，那么做出让步、放弃工作的就应该是女人。不是说我这位朋友不可以做出这样的选择，也不是说全职主妇就等同于不独立。如果这是经过协商和成熟的思考后做出的最优选择，那当然也是独立意识的一种表现，但是这种不假思索就轻易放弃事业的做法确实不是一种独立的表现，因为男人几乎不会做出这样的选择。

所以，女性的独立任重而道远。那么，女人不独立，其后果将会如何呢？

经济不独立，得到幸福的权利便不在自己手里

我有一个远房表妹，她高中毕业，在大城市里做着一份收入微薄的工作，每天最盼望的就是老公能争气、挣到大钱。后来她老公考上了研究生，毕业后收入确实不低。她觉得苦尽甘来，再加上又生了小孩，于是索性不再出去工作了。几年后，老公出轨，把孩子带走，给她留下一套还有将近 200 万元房贷的房子。可是她已经失去了谋生的能力，别说还房贷了，就是养活自己都困难；而且，因为长期不和孩子在一起，她从小带大的儿子和她的感情也变得淡漠。一场婚姻，人、钱和孩子，她什么也没得到。

人到中年，除了年龄比年轻时增加了之外，她什么都没增加。

我在网上看到一位网友诉说她的经历，除了她的学历比我表妹的高不少之外，其故事版本几乎和表妹的一模一样。

所以，女人依赖男人的幻想很美好，但现实却很骨感，可惜的是很多女性却还没有意识到经济独立的重要性。不是说经济不独立就一定没有好下场，而是说经济不独立增加了你人生的风险，因为这等于把得到幸福的权利交到了男人手上。伸手向男人要钱，就算他愿意给，你的姿态也会矮三分。而且，即便男人对你不好，你也不敢轻易离开他。当男人吃定了这一点的时候，他还会对你好吗？不会，因为人的本性是这样的——他只会珍惜他唯恐失去的东西。

可能有人会说："那女人经济不独立婚姻也挺幸福的例子你又怎么解释呢？"我有一个侄女，她结婚后一直是全职主妇，但她老公对她很好，她也一直过得挺幸福。但是，这种幸福不是每个人都能获得的。

情感不独立，幸福很难和你有缘

相比于经济不独立，现代女性情感不独立的情况会更严重一些，毕竟现在的女性大多都能养活自己，但在情感上依附男人的心理却是一时半会难以摆脱的。

我有一个朋友，她在职场上很强势，在经济上也相当富裕，她的社会地位远超老公的，但是一到老公面前她依然是小心翼翼、卑微讨好，生怕哪句话说得不对就伤害了老公的面子和自尊。虽然她这样极力照顾老公的心情，可是老公还是出轨了，说在她面前他没有存在感。她不仅在情感上受到了重创，还失去了一半财产，去看了心理医生后才缓过来。这类女性，在经济上早就引领时代了，但在情感方面还在拖后腿。大家留意观察就能发现，生活中这样的例子不少。

那经济不独立的女孩子呢？她们在情感中更容易患得患失。我有一个咨询者，说自己一谈恋爱就好像得病了，每天想的不是爱情的甜蜜，而是："他明天会不会就不喜欢我了？""他今天一整天都没有给我打电话，会不会是在想怎么跟我说分手？""如果他和我分手了，我怎么办？""我这么普通，还能不能找到像他这么好的男人了？""如果找不到好男人，我以后怎么办？我又赚不了很多钱。"有时她想这些问题，甚至想得吃不好、睡不好，没办法正常工作。这样的女孩谈恋爱，与其说是为了幸福，还不如说是找罪受。而且，因为她不自信、不松弛，和她在一起的男孩也很难感受到幸福，所以她的每段恋情都很难有美好的结局。

上面说到的两个女孩，虽然她们的经济情况不一样，但内心其实是同一种女性心理——不自信，太把爱情当回事，太在乎男人。女人当然要在乎男人，但是对他们的在乎永远不能超过对自己的在乎。因为当你都觉得自己不够重要的时候，别人就很容易轻视你，甚至在潜意识里想要欺负你。

所以女人在情感上既要敢爱又要不怕失去，永远要做好这种准备：就是他有一天可能会离开自己，哪怕这种概率很小。只有这样，女人在感情中才能持有轻松、愉悦的姿态和稳定的心理状态，而这种状态给男人带来的都是正面感受，会有益于感情的发展。

还有一类女性，她们不是爱情至上，但在情感上依然不独立，她们就是大量的已婚女性。我的咨询者中不乏这样的女性，其中有一位大姐让我印象深刻：她将近40岁，把老公和孩子照顾得特别好。她每天的生活都很单调，回到家中就是围着老公和孩子转，没有自己的事业、爱好和朋友，但老公依然对她不满意，说她没有情趣，不够可爱，对她冷言冷语。她委屈不已，不知道自己错在哪里。

她错在哪里？她错在被家庭绑架，失去了自我、人格和情感上的独立。婚姻中这样的女性不少，她们的社交账号昵称常常叫"某某妈妈"。不是不可以起这样的昵称，而是她们的内心也可能把自己定位于某某妈妈、某某老婆，而不是自己。一个失去自我的人，最可怕的是什么？是失去了自己的个性魅力，不再发光，甚至会失去性魅力，所以这位大姐才会被老公嫌弃没有情趣、不够可爱。

民国时期有三位大名鼎鼎的才女——张幼仪、林徽因和陆小曼。张幼仪是民国诗人徐志摩的前妻，她和我的这位咨询者一样，也是一个对丈夫、家人尽职尽责的贤妻良母，却被徐志摩嫌弃，最后被抛弃。那林徽因呢？她不仅在经济上独立，在情感上也独立。她不是恋爱脑，理智地拒绝了徐志摩的疯狂求爱，才有了后来的幸福生活。而陆小曼则是在经济上不独立，一辈子都靠男人生活，可是即使这样也没换来晚年的幸福生活。

所以，不独立，难幸福，从古到今都是如此。独立，才是我们女人唯一的出路。

独立的女性不会被虚幻的爱情迷住双眼，选择权会更大。林徽因拒绝了著名的诗人徐志摩，依然可以选择更优秀的梁思成。独立的女人不怕男人离开自己，独立的女性有独处的能力和孤独终老的勇气，一些女明星还有其他一些人到中年依然单身的普通女性，她们的自信和活力让年轻人都羡慕不已。这些精神世界丰富和自我独立的女性，不管身边有没有男性，都能让自己过得很幸福。

所以，独立是女性最好的出路。

那么，现代女性如何才能做到经济上和情感上都独立呢？

一、接纳自己当下的不独立

能像林徽因那样年轻时就清醒独立的女性很少，那需要相对优渥的家庭环境和良好的人格教育，并且没有受到社会不良因素的影响。具备这些条件很难，我们大多数人都不具备这样的条件。那如果我们已经不独立，该怎么办呢？接纳，即接纳自己现在就是不独立，想依赖男人，是恋爱脑，凡事只要一接纳就不内耗了。如果不接纳，明明自己是恋爱脑，还谴责自己是恋爱脑，拧巴着，就没有余力改变。

二、对爱情和男人祛魅

一些女人不独立，是因为对爱情和男人存有幻想，把爱情当成人生的全部，把自己的幸福赌在这上面。但是，但凡你谈过几次恋爱，就会发现这种想法是多么幼稚可笑。爱情只是男人人生的一部分，婚姻制度设立的最初目的是男人要把自己的财产传下去，而不是为了爱情，也不是为了挽救女人的命运。男人在追求阶段的热情，不是他的长久表现，只是为了"狩猎"成功而已。一些影视作品包装出来的痴情男，现实中不是没有，但不是普遍存在。

三、专注发展自己的事业

当你对爱情和男人祛魅时，就不会对爱情那么上头了。这时男人不太能左右你的心情，你才有可能把注意力转移到自己身上和工作上面。你会发现工作带给你的东西更多：付出爱情了你不一定有收获，但工作一定让你有收获；爱情可以给你踏实和幸福，而事业和钱财更可以，从小处说是底气、尊严和安全感，从大处说是成就感、价值感和意义感，而且它们永远都不会辜负你。你的生命体验会更丰富，男人也会因此更加珍惜你。

我在前面提过一个案例：一个朋友远嫁到外地，老公始终对她特别好，因为她娘家有一套漂亮的大房子，老公担心如果对她不好她就会随时回娘家。假如没有这套大房子，她老公可能就不会这么在乎她了，因为知道她没有退路和依靠，哪怕对她不好她也不敢离开。具有猎手思维的男人，对于完全得到的东西就不会再过多付出，但如果感觉随时会失去这些东西就会持续付出。经济独立的女性，带给男人的就是这种危机感。

所以，事业和钱财才是女人的退路和靠山。不是说爱情不重要，而是它不能成为我们人生的全部。那如何发展自己的事业呢？简单地说，就是找到自己的爱好和特长，然后拿出水滴石穿的精神去钻研它，这样就一定能做出一些成绩。很多女性不是没有工作能力，而是把自己的能力都用在了爱情上。如果她们能分出一部分能力用在工作和事业上，收获可能会比爱情回馈给她们的更多。

四、持续自我成长

越成长，越独立。假如你不了解男女差异、爱情和婚姻的真相，不努力工作赚钱，对这个社会、时代了解得不够多，你能够做到独立吗？一定不能。所以，真正的独立是基于不断的自我成长之上的。成熟、独立、感性与理性并存，你才能掌控住自己、男人和这个时代，把幸福握在自己手中。当你具备了让自己幸福的能力时，爱情和婚姻对你来说不过就是锦上添花而已。

过去人们常说："嫁汉嫁汉，穿衣吃饭。"现在，恋爱和婚姻不过是为幸福加码。假如男人不能让你更加幸福，那就挥挥手让他离开，而你依然可以独自美丽。做到了这一点，你就真正做到了独立，而幸福是开在独立上的花。

谈高自尊的恋爱，爱自己才易得到爱

我有一个咨询者，她年轻时因为无知无畏，所以有一段不是那么光彩的感情经历，很多认识她的人对她的看法比较负面。虽然现在她已经醒悟了，但是过去的事情没办法改变。因为这件事，她总觉得自己不够好，可能没有好男人会娶她了。虽然她很漂亮、有钱，但总是因为过去的事情而不自信，最后她选择与一个各方面都不如自己的男人结婚，但婚后过得并不好，最后还是以离婚收场。

一个低自尊的人，可能会选择一个各方面都不如自己的男人去谈恋爱，但就算这样，也不一定能换来幸福。其一，你内心会觉得委屈，觉得自己在条件上吃亏了，那么在言谈举止上可能就会流露出对对方的不满。其二，对方也不见得会因此而尊重你，因为你降低了择偶要求，就向对方传递了一条信息：你没有那么"高贵"。你看轻自己，对方一定也会看轻你。

不过，生活中也有一些女性，她们没有什么不好的经历，单纯、善良，也不相信自己能配得上好男人。我的另一个咨询者，她来自一座三线小城，从小在妈妈的挑剔、指责中长大，因此总觉得自己不够好。后来她考上大学，到一线城市工作，有不错的工作和生活，可即便如此，她也总是有一种不配得感，认为自己配不上好男人，不敢大胆地选择好男人，在恋爱中总是小心翼翼地讨好对方，唯恐失去对方，因此总是感受不到恋爱的甜蜜。

不管低自尊来自哪里，都会造成我们在亲密关系中的委曲求全、小心翼翼、紧张不安和害怕失去等负面感觉，因此不管选择谁都很难感受到幸福。所以，不是你选择的那个人不对，而是你自己不对；或者说，当你没有把自己调整到"对"的状态的时候，你很难选择到对的人。

所以，我们一定要从这种低自尊的心态走出来，用一种高自尊的心态去面对感情。那怎样才能做到这一点呢？

一、正确评价自己，丢掉不配得感

其一，每一个人都值得被尊重，因为一个人无论优秀还是平凡，过去有没有污点，在人格上和别人都是平等的。其二，每一个人都有自己的优点，有些人事业成功、身份体面，外表光鲜靓丽，那是他们被看得见的优点。而你有不易被人看得见的优点，比如质朴、低调、内敛，你的优秀就藏在这些特质里。因此，千万不要妄自菲薄，正如网上有句话如此说道：你配得上这世间所有的美好！

这才是你对自己应该做的评价。所以，要把以下这些自我评价都丢掉：我家境不好，因此我配不上他；我父母离婚了，因此我配不上他；我学历不高，因此我配不上他……

不要再用这些错误的爱情观、价值观麻痹自己，因为在感情中没有配不配，只有适不适合、愿不愿意。如果你觉得自己在综合价值方面与所爱的人相差太大，那么你应该做的不是贬低自己去将就一个你不爱的人，而是应该努力提升自己，与所爱的人靠得更近。

二、爱自己，因为自己才是最重要的

人为什么必须爱自己？首先，如果不爱自己，别人随便一句话就有可能导致自己内心世界的崩塌。而一个内心世界崩塌的人可以得到别人的同情，却很难得到别人的欣赏和爱。我们会对着一个破碎的花瓶说"太可惜了"，但不会把它买回家。其次，只有爱自己的人才有余力去爱别人，否则你所有的能量都用在安抚自己上面。最后，只有爱自己的人才有资格获得别人

的爱。我们都听过这句话："缺钱的人借不到钱，因为对方怕你还不起。"同理，缺爱的人也得不到爱，因为对方怕你回馈不了。

所以，人一定要爱自己，在这个世界上只有你才是最重要的。无论你有多爱对方，都请记住这句话。持有这样的心态，你就不会再谄媚、讨好对方，在亲密关系里就能挺直腰杆。所以，爱自己，是你给自己的最高尊严。那怎么爱自己呢？简单地说，就是在不伤害别人的前提下采取一切方式让自己舒服快乐，比如当对方让你不开心的时候及时离开他。

三、遇到问题时要积极沟通，不内耗

低自尊的女人遇到问题时不敢直接与对方沟通，遇到矛盾时也不敢直接解决，她们怕破坏关系，于是采取消极的方式应对，比如逃避、猜忌、抱怨和被动攻击等，实际上这种方式同样会导致两性关系出现裂痕。如果你经历过足够多的人和事，就会发现，大部分的事情不会摧毁一段感情，但错误的应对方式以及沟通方式却会摧毁一段感情。所以，遇到问题时我们应该采取积极正面的方式去应对、沟通，开诚布公地去找对方谈，了解和满足对方的需求。这样你和对方的自尊与需求都能得到满足。

四、高调认可自己，坦然回应伴侣的赞美

大部分外国人有一个很好的表达习惯，听到别人赞美的时候他们不会说"哪里，哪里"，也不会简单地说声"谢谢"，而

会说："太开心了，你也发现了我这一点！"他们会非常坦然地接受别人的赞美，高调地认可自己。这是一种高自尊的表现，我们要学习他们这一点，当伴侣或者他人赞美我们的时候，我们要高调、发自内心地认可自己："谢谢！我也觉得我很漂亮（聪明、能干）。"经常这样做，对自己和对方都是一种积极暗示，让自己和对方认为自己是一个非常好的人，值得对方珍惜。

五、面对金钱不卑不亢，既不拜金也不仇富

面对金钱或者有钱人，部分女性呈现出了两个极端的价值取向：一种是金钱至上，想方设法地想钓一个金龟婿，为自己的物质生活埋单；另一种则是视金钱如粪土，认为那些想找一个有钱人的女人俗不可耐，对有钱人也很仇视。我觉得这两种价值取向都不可取，因为它们都是低自尊的表现。攀附有钱人肯定要放低姿态，甚至是失去自我；而仇富则是用清高来掩饰自己的自卑和无能，因为你赚不了那么多钱。因此真正自尊自爱的人，面对有钱人时不卑不亢，既不妄想，也不仇视，而是坦然面对。如果真的有有钱人看上自己，也不会妄自菲薄，而是认为自己有其他的价值与之匹配，比如思想高度、个人情趣等。

这才是健康的恋爱观，既不仰视对方，也不俯视自己，自尊、自信、自爱，开心、舒服、自在，我们要带着这种态度去恋爱，才有可能拥有一段幸福的亲密关系。

保护好自己的身体，因为它是幸福的本钱

无论女性如何成长，心理上如何强大，都不能改变身体上的弱势。有时，一场身体上的劫难就能摧毁一个女人的一生。因此，在与异性相处时，以及在亲密关系中，女性一定要保护好自己的身体。在社交场合，当女性遇到不被尊重的时候，如何保护自己不受侵犯、不被骚扰，也很有方法和技巧。具体来说，在以下三种场合，女性必须学会保护自己。

与相亲对象或准男友相处时，如何保护自己

我们想拥有幸福的亲密关系，就要接触异性。在初相识或者恋爱关系尚未确定的阶段，这个关系如何拿捏，有时候尺度不好把握。有一个咨询者问我：最近她相亲认识了一个男孩，见了两次，有点儿好感，但是第二次见面这个男孩就不仅要牵她的手，还要亲她。她觉得不妥，就躲开了，于是男孩很不高兴，说既然不喜欢他那就算了。她不知道怎么办，她还想继续和这个男孩交往，但又不想那么快就和他太亲近。

我的一个朋友也曾经和我说过她和准男友的事。不同的是，他们认识时间相对长一点，但是关系还未最终确定，顶多到了牵牵手的阶段。有一次，他们一起出去旅游，准男友不仅突袭

亲了她，还要求有下一步的举动，而她觉得时机还未到，所以就拒绝了。这个男孩就想强来，她拼命反抗才得以挣脱。

上面这两个女孩做得对吗？我认为她们做得很对。一方面，没有人可以违背你的意愿做你目前不想做的事情，哪怕他是你男朋友、老公也不行。另一方面，就算你愿意，后果谁来承担呢？在彼此还不够了解、关系尚未确定的情况下，他会承担责任吗？一旦发生意外，受苦的是你，甚至会给你的身体带来不可治愈的损伤。所以女孩一定要坚决保护好自己，把自己的安全放在第一位，不要担心对方因此就不和自己交往了。如果他真的这么做，只能说明他本来就不喜欢你，只是想借这个机会占你的便宜而已。

在亲密关系中，如何保护自己

恋爱关系尚未确定时，我们不能随便与男人发生亲密关系。那恋爱关系确定、互相信任并爱得你侬我侬了，还有必要保护好自己吗？我知道有些情侣情到浓时难免把持不住，但我还是那句话：乐趣是两个人的，但是一旦发生意外、承受痛苦的却只是女性。除非你们想好了要马上结婚，一定要做好安全措施。不管对方怎么说、怎么想、怎么做，你一定要保护好自己。有的男人会为女人着想，有的却不会，但你一定要为自己着想。

永远别忘了，爱得再热烈也要记得保护好自己。

在饭局聚会中如何保护自己

说到如何保护自己，女人最大的隐患不是来自准男友或者男朋友，而是陌生男人。因为前者你毕竟有些了解，而后者你可能完全不知道他是君子还是恶魔，而且还可能是不能得罪的恶魔。

我的一个闺密有一次和公司的合作商去吃饭。席间，对方敬她酒，而她不擅喝酒，但为了工作又不好拒绝。饭后，闺密和同事又陪着合作商去卡拉 OK 唱歌，对方喝多了，于是就在昏暗的灯光中一把抱住她，就要亲她，幸好她躲得快，再加上有同事在场，便硬是把那个人拉开了，但她被吓得够呛，拿起包就跑。最终，这单生意也没谈成。公司老板责怪闺密说："为什么不能处理得圆滑一点儿？那样就不至于把快要谈成的单子弄丢了。"闺密气得不得了，于是就和老板大吵："到底是单子重要还是我的安全重要？"最后，她把工作也辞了。

人遇到这种事情，真的是非常晦气，不仅留下了心理阴影，连工作也没了。不过，闺密的做法我基本上还是支持的，因为工作可以再找，但自己的安全不容有任何损失。那么，遇到这种情况我们有没有更好的处理方法呢？毕竟，现代女性无论因为工作还是私下朋友聚会，都有可能遇到这种情况。我认为，可以从以下几方面来应对。

一、保持高度警惕，做好具体应对措施

这方面的警惕性一定要有，无论参加工作饭局还是私下朋友、同学聚会，只要有不太熟识的朋友，就要保持一定的警惕。比如，尽量不喝酒，如果确实推不掉，那就只适量饮用，保持清醒；还可以找各种借口拒绝，比如身体不舒服、要开车、对酒精过敏、以前喝酒曾经出过事等。然后尽量在晚上 10 点前回家，越晚就越不安全，因为越晚外面的人越少，有不良企图的人的胆子就越大。如果做不到以上几点，那就尽可能带一个值得信任的人，比如同事或朋友一起参加。如果没有同事或朋友陪你去，那就提前和家人或朋友约好，让他们去接你。如果连接你也做不到的话，那就像我这样处理：

我有一次去参加一个饭局，晚上 10 点多了对方还不让我走，当时朋友在忙，没有时间去接我。我就让朋友不停地给我打电话，打一次就说"还有 20 分钟就到了""还有 10 分钟就到了""已经到门口了"，最后对方不得不让我离开。

当然，还有一种可怕的情况——就是水杯或酒杯可能会被人放入违禁药品，所以一定要留意。

总之，如果你的警惕性够高，对方就会有所忌惮，不敢轻易下手。

二、不卑不亢，明确拒绝对方的骚扰言行

在饭局中，不怀好意的男人最容易拿谁下手？就是这两种人：一种是穿着暴露、举止轻浮的人，另一种是逆来顺受的人。前者就不用说了，很多男人认为这就是一种诱惑，就算你没有这个意思，一旦出了什么事也很容易被人泼脏水。所以，出席饭局一定要注意自己的穿着和言谈举止，要大方得体，衣着不暴露；再就是要不卑不亢，学会拒绝，比如对方开低俗玩笑、离你太近、触碰你身体的时候，你都要明确表示不接受，可以直接说："请你不要这样，这令我很不舒服！"这时候千万不要委婉客气，一定要义正词严，否则可能起不到震慑他们的效果。即便他们没有过分的举动，只是讲低俗笑话，我们也要表示不喜欢，因为他们很有可能是在用低俗笑话试探你。如果你默许了他们这种行为，他们就可能会有进一步的动作。所以我们要表现出有点儿不好惹的样子，这样他们就不会轻易对你动手动脚。

当然，如果以后你还要跟他们打交道，那我们的处理方式最好圆滑一些。具体的方法就是温柔而坚定，话可以说得不那么难听，但态度一定要很明确。

三、保留证据，以备不时之需

如果你已经被骚扰了却没办法阻止和离开，那就要尽量保留证据，以便之后去告发他。怎么保留证据呢？有以下三种方式：

第一，录音。可以提前把手机录音功能打开，或者把录音功能调至快捷键，方便随时操作。开启录音后，尽量引导对方把话说得明白一些，以录到实质性的内容，比如骚扰性的语言或者任何能证明对方行为不轨的声音。

第二，录视频。自己可以偷偷录视频，也可以及时查看重要场合的录像设备，并及时保存下来。

第三，保存聊天记录。对方在与你聊天的过程中，如果有挑逗或者骚扰性的文字，一定要把聊天记录保存下来。

由于生理上的劣势，女性是弱势群体，所以在饭局聚会中一定要居安思危，提前做好准备，才能更好地保护好自己，在这方面千万不要存有侥幸心理。

我们永远要记住，不要因为害怕失去而牺牲自己的身体，没有任何人、事值得我们这样去做，这也是一种爱自己的表现，我们有责任像守护自己的幸福那样好好地守护它。

婚前篇

正确恋爱的 N 种方式

04 恋前准备：
聪明的女人，不谈无准备的恋爱

先成为好的自己，再遇到好的爱情

如果你总是遇不到好的男人和爱情，原因可能会是什么呢？是你的运气不好，还是你的圈子太小？其实这些都不是根本原因，根本原因是你的价值不够高。婚姻的本质是价值互换，你的动物性价值、社会性价值和情绪价值越高，遇到好的爱情的机会就越多。所以，只有先提升你的价值，成为足够好的自己，才有可能遇到好的爱情，正所谓"你若盛开，蝴蝶自来"。

现在这个时代，男性或女性如果想在婚恋市场上有更多的选择，已经不能只拥有传统男性或女性必须具备的那部分价值了，而必须同时拥有异性所具备的那部分价值，这就使得他们要在很多方面提高自己。

根据三种价值的内涵，我们应该如何做才能提高自己的价值，成为更好的自己呢？

提升自己的动物性价值

以前，在动物性价值方面，男人对女人的要求主要是外形好看，女人对男人的要求主要是资产多。但社会发展到今天，其实男人也希望女人有房、有车、有存款，女人也要求男人白净、好看、会打扮。所以，无论男人还是女人，都需要在以下两方面提升自己的动物性价值。

一、外形

首先我们必须认识到人的外形很重要。有一个明星原来很胖，他说在他很胖的时候也有很多异性朋友，但是那些异性朋友只想和他做普通朋友，即便他非常风趣幽默。后来，他减肥成功，形象提升，于是一些异性朋友便想成为他的女朋友。

女人对男人尚且如此，更何况男人对女人呢？如果没有好的外形，就像这个明星所说的，无论你有多好的内在，对方可能都只是想和你做普通朋友。注重外形不仅是对他人的尊重也是对自身的尊重。何况外形还关系到基因遗传问题，所以我们一定要打破一个误区——就是认为自己的其他价值足够高就可以不在乎外形。

一直以来，都是男人更在乎女人的外形。有句话这么说：

"哪怕到了 80 岁，男人喜欢的也是 18 岁的女性。"但是现在，女人对男人的外形也提出了更高的要求。无论在网络上还是现实生活中，都能听到一些女人说"想找一个干净的男生"，别误会，这个"干净"的意思可不只是天天洗澡换衣服，而是长得清秀、俊美、清爽。所以你看，现在的女人对男人的外形要求是多么高。

既然外形如此重要，那如何提升自己的外在形象呢？在现在这个时代，方法有很多，如健身、美容、化妆、医美和穿搭，同时提升这些方面的渠道、课程和工具也很多。只要你愿意付诸行动，即使外在形象不会脱胎换骨，也一定会比之前更佳。

"没有人有义务透过你邋遢的外表去发现你的内在"，这句话得到了大家的认可，因为发现内在美需要时间，所以要让别人先接受和喜欢你的外在，你才有机会慢慢展示你内在的美好。

二、资产

以前，有房、有车、有存款是女人对男人的要求，但现在男人也希望女人有这些。虽然有时候男人碍于面子不会摆在明面上说，但心里会暗暗盘算。因为独自打拼供房供车很辛苦，所以他们也渴望伴侣替自己分担一些，或者能够强强联合，更好地进行资产重组。因此，现在无论男人还是女人，有房、有车、有存款的人肯定更受异性青睐。有一部分女人也认识到了这个问题的重要性，她们在婚前就开始买房买车，置办一些有增值潜力的资产，这不仅能让自己有安全感，也能在婚恋市场上拥有更大的选择权。所以如果你积累了一定的资金，一定要适当置办一些资产，可以是房、车，也可以是首饰、黄金等，或者有计划地存点钱。筑好巢凤凰才会飞来，无论对男人还是女人来说，现实都是如此。

提升自己的社会性价值

过去男人对女人的社会性价值要求是会做家务、能照顾老人和孩子就可以了，现在则是女人要有学识、有能力、能赚钱，最好职业还很体面。同样，女人也希望男人不能只靠女人照顾，自己也要具备基本的生活技能，做家务、带孩子也能搭把手，甚至分担更多。所以，男人和女人都需要在以下两方面提升自己。

一、综合能力和社会身份、地位

"始于颜值，忠于才华"这句话现在很流行，因为大家清楚地知道，良好的外形只能吸引异性接近自己，能力和才华才能让异性爱上自己。首先，这样的人具备非常强的人格魅力；其次，和他们组成婚姻关系更有信心；最后，他们有较高的社会身份和地位，这不但能让我们在社会上更有面子，还会为我们赢得更多的资源和机会。

所以我们需要努力提高自己的学历、见识、专业技能和赚钱能力，甚至拥有一番大事业。不是说每一个人都要成为总监、老板，而是说我们要在可能的范围内尽量去提高自己的综合能力。当你的能力得到提升时，你的社会身份和地位也会随之提升。

怎样才能较快地提升自己的各种能力呢？首先要不断学习，在各个方面用知识武装自己；其次要了解自己的潜力，在某个领域专注发展自己的潜力；最后要借力，即待在有能力的人身边并向他们学习。我曾遇到过一个案例：我的一个咨询者想发展自己，也想遇到好的爱情和婚姻，她应该怎么做呢？她决定去做仰慕者的助理，向他学习，后来她能力渐长，老板让她管理更多的工作，然后老板越来越欣赏她，最后爱上了她。她就是通过借力成为更好的自己，然后又遇到了好的爱情。

慕强是人的普遍心理，所以你的强大肯定会为你赢得更多的发展爱情的机会。相反，如果你不愿意去提升自己，而是觉得靠男人会更轻松，希望通过婚姻转嫁自己的人生责任，那多半会失望。因为婚姻中也充满了考验，一方面是家务劳动的价值得不到男人的认可，另一方面是当你过得不幸福的时候没有勇气离开他，所以看似轻松的路可能是更危险的。总之就是说：如果你拥有的多，你就会得到更多，包括爱情和婚姻；但如果你拥有的很少，那连这些很少的都有可能会失去。

二、生活技能的提升

以前，善于做家务和懂得如何照顾家庭，是男人择偶时对女人的必备要求，但是现在男人对女人这方面的要求有所下降，因为大部分的家务都已经被机器和保姆等所代替，但如果你在这方面很出色，能做一桌好菜，甚至是一般人都不会做的美食之类的，那还是能为你在择偶时加分的。与此同时，女人对男人这方面的要求却提高了，因为她们把更多的精力用在了工作上，所以需要男人分担一部分家务。我认识一个女孩，她的择偶条件之一就是男人会并愿意做饭。在一个社交平台上，一个擅长做菜的男人获得了无数女人的追捧。由此可见，男人如果有较强的生活技能，一样更容易获得女人的青睐。

所以，无论男人还是女人，都有必要提高自己做家务、照顾家人的技能。这方面的提升方法就相对简单，只要你愿意去学，大部分技能都能学会；愿意去精进的话，也很容易超越他人。最后，一定会有利于你遇到好的人和爱情。

提升自己的情绪价值

网络上有一个小博主，她个子不高，长相一般，学历也不高。她除了做博主偶尔卖卖货之外，也没有其他工作。她的老公却是大学毕业，还是企业高管。有时我就纳闷，她是凭什么搞定她老公的呢？后来我观察，发现这个女博主不仅能做一手好菜，把一双儿女带得很好，把生活安排得井井有条，还特别能为老公缓解工作和生活压力。虽然她学历不高，但她的博文很有见地。在老公遇到一些人生难题时，她能共情老公，为他提出有用的建议。所以，她能搞定她老公更多的是凭借她的情绪价值。

情绪价值对人来说有多重要呢？我们在外面拼搏需要动力、理解和关怀，尤其是对一个优秀的人来说情绪价值更为稀缺。有一句话说的好："好看的皮囊千篇一律，有趣的灵魂万里挑一。"

既然情绪价值这么重要，那我们如何做才能提高自己的情绪价值呢？

一、提升自己的情绪管理能力

一个情绪稳定、积极向上的人能够让与之相处的人如沐春风。但不少人，尤其是女人不容易做到情绪稳定，因为她们感性，容易情绪化，在感情中容易"作"，所以如果不提升自己的情绪管理能力，那就可能没办法顺利地开展一段恋情。那如何才能提升自己的情绪管理能力呢？其一是觉察，当觉察到自己有情绪时，就有可能从情绪中抽离出来，变得冷静客观。接着再去寻找情绪的源头，究竟是原生家庭的问题还是认知偏颇的问题，然后尝试去解决这些问题。其二是培养自己的钝感力，当外界不如己意时，要明白外界是不受自己控制的，只能接受。

情绪管理能力还包括帮助别人处理他的负面感受的能力。一个不但自己情绪稳定而且还能为别人处理消极情绪的人，就像一个发光体，会吸引很多人不由自主地靠近她，自然很容易遇到好的爱情。

不过，并不是说我们在两性相处中就不能有负面情绪，如果确实遇到了难以消化的情绪或者确实对对方不满，你当然可以有情绪、发脾气，这样做一是让对方看到真实的你；二是只有你释放出负面情绪，对方才有机会给你提供情绪价值；三是如果你永远都只有正面情绪，那么时间长了对方就会忽略你的感受，也不会珍惜你给他提供的情绪价值，所以我们要敢于在亲密关系中暴露自己的负面情绪。

二、提升自己的认知水平

更高的情绪价值是什么？是为对方出谋划策，帮他走出人生困境，成为他事业上的好帮手。所以，你需要提高自己的认知水平，其途径就是读书、旅行和阅人，去看世界，提高对社会、男人和亲密关系的认知，这样才能在遇到你喜欢的男人时吸引并留住他。否则即使你遇到了好男人，可能也难以把控。

三、提升自己的人格完善度

人格完善度包含的内容比较广泛，比如热爱工作和生活、有较为丰富的精神世界、能面对孤独、有责任心、心态开放、容易相处等。总之，人格完善就是有较高的情商，还能在一些小事上很好地运用它。譬如，有时候即使你知道男人在撒谎也不会马上揭穿他，而是给他留点面子，也给事情处理留有余地；男人因某事惹你生气了，因为不是什么原则性的大事，所以男人一哄你就顺坡下驴；你看到男人不想说话就给他倒一杯茶，然后默默地走开；男人需要你的建议，你只是说出自己的想法但并不干涉他的决定。伴侣和这样的你在一起是不是如沐春风？这就是一个人格完善的人所能提供给伴侣的情绪价值。

那么如何去提高自己的人格完善度呢？这和其他几方面的途径也差不多：去读书、学习和向情商高的人学习。一个愿意提升自己的人，人格一定会越来越完善。

四、提升说话的艺术和沟通的智慧

有趣的灵魂很多时候就体现在说话有趣上，因为大大小小的事情都需要通过说话来沟通。如果你说话很有趣，那真的就会减少两个人之间的矛盾，增加乐趣和增进感情。我有一个朋友特别擅长表达，她能把一件普通的小事表达得特别有趣。每次和她在一起，我都被她逗得哈哈大笑。不管你跟她说什么，她都会用她那充满喜感的声音问你："真的吗？"真是特别搞笑。她说，她就是靠这招和男朋友确定恋人关系的。

但是有些女人却不是这样，她们要么过于刻板，要么过于严肃，说起话来不是像一个老师就是像一个律师，这样就会被异性发"好人卡"：你是挺好的，但是我们更适合做普通朋友而不是恋人。

所以我们要尝试变得有趣起来，可以多和有趣的人接触，也可以多看一些有趣的文艺作品。我有一个朋友原本挺无趣的，后来她喜欢看脱口秀节目，竟然慢慢变得有趣了。

情绪价值的可贵之处就在于，它的价值是无限的，是花钱都买不来的，能给伴侣的内心带来极大的幸福感，所以能给他人提供情绪价值的人一定是婚恋市场里更容易被人优先选择的人。但情绪价值不是讨好和一味顺从，而是在不失去自我的基础上用真诚的方式让别人感到愉快。

好的爱情一定是价值匹配的伴侣之间的情感，最好的爱情则是情绪价值的疯狂碰撞，即所谓"心灵和思想的交流"，但这首先需要我们具备这些价值。当你具备了这些价值并成为更好的自己时，美好的爱情自然就会向你靠近，正所谓"你若活成草原，马儿自会向你奔跑而来"。

没有婚姻目标，找对象就像盲人摸象

做一件事情，如果有清晰、具体的目标，事情往往更容易成功，所以恋爱、婚姻也需要确立目标。每个人所处的环境不同，想象中的美好生活也不一样，我们需要把对生活的美好想象化为具体的目标，那些想象才有可能变成现实。婚姻可以带来爱和物质，也可以带来权力和名气。最想要哪一个，你最好有所倾向。如果你什么都想要，那就要做好心理准备，你可能要付出很多也可能实现不了。但不管怎样，你要清楚你想要的是什么。

如果选择得好，婚姻很可能成为我们人生的助推器，有些人靠婚姻实现了阶层跨越，有些人靠婚姻摆脱了孤苦的灵魂，有些人靠婚姻过上了自己想要的生活，所以才有人说婚姻是女人的第二次投胎。既然婚姻这么重要，那我们当然要慎重把握。但现实却是，进入婚姻的人，有一部分人过得并不美满。原因是他们对婚姻没有目标，他们不过是在感情河流里随意漂浮，看着年龄差不多了就匆忙捞块木头游上岸。

我有一个亲戚，她离婚后独自带娃，经济条件也不太好。像她这样的条件，她是不敢奢望有多么优秀的男人能看上她的，但是她还渴望家庭的温暖，因此她的目标就是找一个温暖的适合自己的男人。她把自己的想法告诉了身边的人，不久朋友就给她介绍了一个工人，他不浪漫，但对她很贴心，日常总惦记着她的衣食冷暖；他赚钱不多，但很愿意为她花钱。别人都说这个男人条件太一般，但是她说这就是她要找的那种人。结婚后，他们的日子果然过得不错，平淡而幸福。

但我一个同学的妹妹就不一样了，她的目标一直是要找一个与她匹配的优秀男士，那男士必须是研究生毕业，在大公司上班，月薪3万以上，相貌也不能太差；"软件"也得跟得上——情绪稳定、情商高、对婚姻有正确的认知。如果条件不符合，那就很抱歉，她就不想浪费时间了。虽然她这条件有点苛刻，但目标精准啊！所以她最终也找到了匹配的对象，现在恋爱谈了一年多了，感情很稳定。

所以，不怕条件高，就怕没条件。在我的咨询者中有不少大龄的单身女性，我问她们想找什么样的男人，她们都说"不知道，看感觉吧"；问她们将来想过什么样的生活，她们都说得很虚幻，没有清晰、具体的画面；再问她们在经营亲密关系方面有哪些短板，她们更是说不出个一二三来。我说："这就是你一直单身的原因，没有清晰的目标，你就飘到哪儿算哪儿，把自己的黄金择偶期都错过了。"

但是也不能完全责怪她们，因为我们的家庭教育和社会教育都很少教育我们如何设立一个适合自己、正确的婚姻目标：要么就是太功利，教我们用条件去换条件，把婚姻当成生意；要么就是太不切实际，教我们爱情至上，营造王子和公主的虚幻、完美爱情。

那么，适合自己、能让自己幸福的婚姻目标该如何设立呢？我觉得应该从以下两个方面入手。

一、了解自己的性格、习惯等个人特质

在恋爱和结婚之前，每一个人都需要弄清楚自己身上有哪些东西是不适合亲密关系的，这些东西可能是性格、生活习惯，也可能是认知，更可能是沟通方式。如果是自己一个人生活，自己身上的很多问题都不是问题，但一放到亲密关系中它就会带来摩擦。不了解这些就贸然去找对象，多半会找到一个错误的对象。我的一个咨询者，她本身的性格是略强势的，只是自己没意识到，于是她就喜欢找"霸道总裁"一类的男人，结果每段恋情都不顺利。这种情况就属于不了解自己，树立了错误的爱情和婚姻目标，而导致迟迟无法走进婚姻。如果你非常了解自己，能改变的就改变；如果不能或不愿改变，那就要找一个能包容自己这方面特质的人，就是说你是一个什么样的齿轮，就找一个和你基本匹配的齿轮。

二、了解自己的价值和需求

人有动物性价值、社会性价值和情绪价值，在这三种价值中，你哪方面的价值最高？最能给别人提供的是什么价值？同时你最需要对方有哪些价值？要根据这些去设立你的爱情和婚姻目标，譬如你年轻貌美、温柔可人，可以给对方提供较高的动物性价值和情绪价值，但你的社会性价值较低，你就需要找一个社会性价值高一点儿的伴侣，因此你的婚姻目标就应该是找一个赚钱能力较强的人，他可以长得不那么帅，也不需要太会哄人。有的人可能会说："那这不就是交换吗？"的确如此，因为婚姻有很现实的一面，它的主要功能就是"合伙开公司"——你有什么，我有什么，然后把它们放在一起，力求收益最大化，只有这样婚姻才容易稳固。

一般情况下，我们的价值和婚姻目标应该匹配，这样才更容易找到合适的伴侣。但是一些女性明知道自己的综合价值不高，却还想找一个综合价值更高的人——即所谓的"优质男"，这样可不可以呢？可以。那怎么样才能以低价值博得高价值呢？靠钻营，甚至欺骗吗？有的人确实这样做过。几年前，有一个大老板娶了一个老婆，老婆自称毕业于名校，家里有企业等，可是结婚几年后这个大老板发现这些都是假的，最终两人离了婚，所以这种方式并不靠谱。那么不靠欺骗有没有成功的呢？还真有。我的一个咨询者，毕业于普通大学，嫁的却是国外名校毕业的知名企业家。那她是怎么做到的呢？大学毕业后，她继续深造，获得了某所商学院的 MBA 学位，然后有机会进入这名企业家的公司工作。她从基层开始做起，一直做到这名企业家的助理的职位，成为他工作上非常得力的帮手。这个过程没有一定的心气和不断提升自己的行动力，是不可能做到的。

所以，如果你想以小博大，不是不可以这样，也不是没机会，但前提是你也不能太差，要不断提升自己，缩短你和目标之间的距离。如果你什么都不做，只想不劳而获或一劳永逸，我想这个成功概率会很小。

总之，有目标、有计划，更容易得偿所愿；没目标、没计划，找对象就如同盲人摸象，想找到满意的全凭运气。但是，我们不能把一生的幸福交给运气，而要把幸福抓在自己手中，所以就先为自己"量身定做"一个婚姻目标吧！

有框架的女性，更容易获得人生幸福

一个咨询者问我："为什么我对他这么好，他却总是对我爱答不理的？"还有咨询者问："我给他钱，连他的赌债都帮他还了，为什么他还会出轨？"而更多的咨询者遇到的则是这种情况：男朋友操控着感情的走向，她做每一件小事时都要考虑他喜不喜欢，还担心他随时会提出分手。

你们有这样的问题吗？如果有，那一定是你缺少了框架。

什么是框架？框架就是引导对方服从自己的语言和行为，这种引导可能是故意的，也可能是无意的，简单地说就是一个人的原则或底线。如果一个人的框架很强，你可以把它理解为类似于我们说的"个性很强"。

举个例子，女生和男生第一次见面，男生说："我不喜欢娇生惯养的女生，也不喜欢拜金女，更不喜欢不懂事不体贴的女生。"那就要注意，这个男生在立框架。如果女生喜欢这个男生，为了得到他的认可，她就会尽量改变自己，变成他喜欢的样子。比如交往期间不敢要礼物，甚至还主动给男生买礼物，这样女生就落入了男生的框架。

框架是保持自我、尊严，得到自己想要的生活的一种方法。在亲密关系中，没有框架你就会不断妥协，陷入被动，甚至被人欺负、操控了都不知道。但一个人的框架很强，又会让对方不舒服。

回到上面的故事中，男生问："我不喜欢娇生惯养的女生，你会做饭吗？"如果你说："我一点都不娇生惯养，并且会做很多好吃的。"然后男生说："好，有空吃你做的饭。"然后你每天就乐颠颠地给这个男生做好吃的，而且你还觉得很幸福，认为这是你们之间爱的表现，但实际上你已经被他操控了，变成了亲密关系中的服从者或服务者。其真相是，你确实很爱他，但他未必那么爱你，只是想从你身上得到好处而已。

那什么样的女生的框架更容易弱呢？如果你是从小被父母要求过分听话、懂事的孩子，在小时候就落入了父母的框架，人格中形成了一定的奴性和总想证明自己很懂事的习惯，那么你就很容易被框架强的人说服。框架弱的人很难感到幸福，因为牺牲了自己的感受和需求。

我有一个朋友，她每次谈恋爱都被人拿捏，什么事都是对方说了算，对方想回短信就回，想消失就消失，但她不会消失，总是在原地等待。我不明白为什么她这么卑微，后来有一次我听到她妈妈给她打电话说："你有啥？不要挑挑拣拣的，懂事点儿。"我这才知道她的框架为什么这么弱。

如果你已经是一个框架弱的女生了，那如何变被动为主动，建立自己的框架呢？

回到上面那个故事，男生问你："你会做饭吗？"你不要马上说"我会"，而要说："会做，什么可乐鸡翅、红烧鱼、椒盐虾我都会做。如果你表现好的话，我可以做给你吃。"你看，这句话里就有自己的框架——你表现好，我才会做给你吃。那对方就知道你不是那么容易被操控的，如果想从你身上得到好处，他也需要付出。如果这时候他说："好，我一定会好好表现的，希望有一天可以尝尝你的厨艺。"那么他就落入了你的框架。这时候你还可以顺势而为，加强你的框架，比如你说："我很讨厌抠门的男生，你不抠门吧？"如果这个男生说："我很大方的，你等着看吧！"他就彻底掉进了你的框架里。在一些电视剧中，有时候某一桥段男、女主的对手戏特别好看，就是因为他们在互建框架、互相博弈，都想占据上风。

但是我想提醒大家的是，我们建立框架的目的不是操控别人，而是不被别人操控；不是必须占据上风，而是不落于被动。其实在关键的时候，我们也可以妥协一部分框架，让对方尝一点甜头，因为这更有利于两个人关系的发展。这样做不但不是懦弱，反而是强大的表现，因为强大的人能进能退、能强能弱。

所以，建立框架的目的是打造自己的幸福，同时也是打造两个人的幸福。

那么如何才能通过建立框架为你们的幸福加码呢？

一、明确给出你的期待、喜好或对错标准

比如你问男生："我喜欢健身、自律的男生，你是吗？"如果他喜欢你，想和你有所发展，他一定会说"我是"或者"我

会努力试试看"，所以框架可以测试出对方是否真的喜欢你。如果对方完全不理你的框架，只是一味地让你服从他的框架，那么你就可以离开他了。

二、多给对方表现的机会

对方只是嘴上遵守你的框架是不行的，一定要让他做到。比如你喜欢会做饭的男生，他表示愿意做，那么每到周末你就安排做饭的活动，看他做不做。他只有做到了才代表他遵守了你的框架。他表现的次数越多，就越会把遵守你这个框架当成一种习惯，因此在这件事上你就占据了主动。

三、坚持自己的框架

框架如果不能坚持，那就不叫框架。有些女生也有自己的期待和喜好，但很容易在框架博弈中认输，比如只要对方反建框架，自己就被对方带跑，然后放弃自己的框架。这说明，虽然你有自己的框架，但框架太弱，所以"硬"框架才是真框架，能帮助你维护你的权益和得到幸福。

不过，我们要知道建立框架的目的是打造自己和对方的幸福，而不是操控对方。但是，正所谓"人心不足蛇吞象"，人性都是贪婪的，当我们从框架中得到好处时就会想得到更多，并建立更多的框架，一旦越界，对方就会不舒服而反抗甚至放弃这段关系。所以我们要反省自己建立框架的目的是什么。对于那些芝麻大的小事要不要建立框架呢？比如"我喜欢穿白色袜子的男生"，有必要建立这样的框架吗？如果这些小事你都要建立框架，对方就会觉得你只是想控制他而已。

同时，我们还要警惕自己有没有被对方的框架控制。如果你已被控制了，那被控制到了什么地步？比如，只有他建立框架而你没有建立过自己的框架；他的框架你必须100%遵守，不容协商；他的框架已经让你感到严重不舒服。这时候你就要反省自己性格中的弱点，为什么这么容易就被对方操控，并试着去改变这种状态，比如提出抗议或者反建框架。

框架是个中性词，我们可以通过建立自己的框架让自己更幸福，也可以通过服从对方的框架让自己变得更好，同时两个人也更幸福。比如男朋友说他喜欢健康苗条的女生，于是你就有计划地健身，减到了健康体重，然后你不仅变得更加漂亮有气质了，他也更加爱你了，就算你们最终没有在一起，你也成为一个更好的自己。所以，框架是个中性词，就看你怎么利用它。一个善良有智慧的人，懂得利用框架让自己和他人更幸福。

我建议女生建立自己的框架，不仅是希望她们在亲密关系中不陷入被动，而且因为，如果她们有框架的话，爱情和婚姻就更容易幸福。为什么会这样呢？根据进化心理学原理，女性对家庭的责任感远高于男性，所以女性掌握婚姻的主动权，其家庭的安全系数就更高。而一个没有框架的女性，不仅容易被伴侣掌控，还容易被父母、孩子、朋友和领导掌控。所以，在任何一种关系中，女性都应该有自己的框架，这关系到整个人生的幸福。

朋友圈展现魅力，为爱情埋下伏笔

现代人越来越宅，圈子越来越小，每天通过一部手机就知晓了天下事，却失去了邂逅爱情的机会。既然现代人更多的注意力都在手机、网络上，何不就在这里寻找爱情，让手机里的微信朋友圈承载我们对爱情的美好期望，成为自己邂逅好男人、优秀男人的重要途径呢？朋友圈是我们展示自己价值的一个非常好的平台。说好听点，它是展示自己的一个舞台；说功利点，它是我们推销自己的一个"广告位"。但无论是什么，它都是我们自己的地盘，可以由自己做主。

那么怎样才能利用朋友圈来展示自己，帮助自己找到更好的潜在男友呢？这是有一定的方法和技巧的。

一、朋友圈的展示要符合以下三个原则

（一）高价值原则

如果你某方面的价值特别高，那就多晒出来，比如厨艺特别好、特别会拍照、爱读书，多晒这些特长和优点，一定会吸引到在乎这方面价值的异性。如果你某方面不是那么出类拔萃，那就晒晒自己对工作和生活的热情以及丰富多彩的生活，这样也能吸引到和你"同频共振"的人。当然你也可以晒自己的颜值和身材，只要晒得妥当、高级，一样可以为自己加分。总之，朋友圈就应遵循着"展现自己的高价值，为自己加分"的原则去打造。

（二）高格调原则

什么是高格调？简单地说就是高级感。可能你拍的是一个普通的场景，但是如果你会拍并且会修图，那就可以营造出高级感。这一点其实也不难做到，现在修图软件那么多，你稍微琢磨一下，一张高级感的照片就出来了。但是要注意，不要做过多的修饰，以免失真，让人觉得你很假。

（三）高通透原则

高通透就是简洁精美、构图不零乱，拍照的时候要留有空白，至少有三分之一是空白的。旅游的时候不要只有合影和自拍，最好是让别人帮你拍不同角度的照片。健身的时候也要记得拍照，因为这是展现自己生活自律的很好机会。最后，照片要对比清晰、美感突出，就像精美的奢侈品往往会放在黑色的天鹅绒上一样。

二、发朋友圈要避免以下五种情况

（一）负能量和低价值

这是朋友圈最忌讳的，因为几乎所有的人都讨厌刷到负能量满满的朋友圈。如果你发的内容过于负能量，不是空虚寂寞冷就是生活一团糟，而且经常发，那么就没有人愿意看，更没有异性愿意接近你，因为他们知道你这样的人不但没办法给他们提供情绪价值，还会把他们的正能量吸走，而且他们会觉得你的价值很低，你总是没人陪，说明你缺乏吸引力。

如果我们有了负面情绪，那么应该怎么办呢？可不可以把它发在朋友圈呢？其实也不是不可以，但是你要将它"稀释"一下，比如可以用这种自嘲的方式："这个'5·20'我一个人过，也有可能和另外一位小姐姐一起过。"然后配一个憧憬的表情，或者发一张删除好友的截图，并配文："余生虽然不再有你，但还好有我自己。"再配上一个微笑的表情。这给人的感觉就不一样了，会让人感觉你虽然也会孤独、难过，但有力量面对孤独和难过，再努力活得更好。这样别人不但不会看轻你，还会心疼你。

（二）只展示自己的脸和身材

这样别人只会觉得你很自恋，可能还会觉得你不但没有其他价值，而且真实的外形可能也是一般，因为一个人炫耀什么他很可能就缺少什么。最要不得的是展示自己的敏感部位，因为这样吸引来的一定不是什么好男人，甚至你的照片还有可能被朋友圈里的坏人拿去另有所用。偶尔发一下自己的美照也不是不可以，但不要过分修图，以避免见光死。如果要晒自己的照片，呈现要自然一些，比如健身、旅行的照片，这样你晒的不仅是自己的身材，而且是自己的美好生活。

（三）过分奢华

我有个"白富美"朋友，她以前经常在朋友圈晒豪车、豪宅、名牌衣服、大牌包包，我就问她："你这么晒是打算必须找一个'富二代'吗？"她说："不是呀！往下兼容也不是不可以。"我说："但是你这么晒，除了高富帅之外谁还敢接近你？"她这才意识到问题，便说："你说得对，不能给人一种可望而不可即的感觉，否则真的没人来追我了。"所以，无论你是真正的"白富美"，还是包装自己，朋友圈里都不要过于奢华，还是要低调一点，不要让人给你贴上"炫耀、虚荣、拜金"的标签。

（四）长篇大论

在朋友圈中不适合发表长篇大论，因为它是一个令人放松的地方，而不是让人学习的地方。如果你发朋友圈的文案过长，那就会让人反感；如果文案过长、态度又端着，还晦涩难懂，那就只会让人马上划走，也会对你失去兴趣，因为他们会觉得你刻板无趣。

（五）只有吃喝玩乐，并且频繁发

如果你的朋友圈只展示自己吃喝玩乐并且频繁展示，那会怎样呢？会让人觉得你不务正业，没有事业心、内涵以及更高的追求，因此追求更高价值的优秀男士可能就会把你淘汰了。但如果人们看到你有积极上进的工作状态、高素质的朋友圈子、愉悦平静的情绪状态、丰富多彩的业余生活、自律的生活习惯和姣好的身材脸庞，那你的私信就一定回复不过来了。

三、可以按照以下方式打造吸引人的朋友圈

（一）自嘲式

"不出意外的话'5·20'我将一个人过，出意外的话和小姐姐一起过。"那对你有好感的男生可能就会问："'5·20'你一个人过？那我可以约你吗？"

（二）示弱型

比如发一张医院的挂号单，然后配文："第三次挂专家号了，不知道要不要住院。"因此对你有点好感的男生可能就会问你："生病了吗？你在哪个医院？我去看看你。"

（三）暗示单身

比如发自驾旅行图，然后配文："旅行中还缺一名副驾驶，有小姐姐愿意来吗？"这样男人就知道你是单身的。如果对你有好感，他就有可能追求你了。

所以，会展示，并且是不动声色地展示很重要。

现在，我们的大部分朋友都聚集在朋友圈，说不定你的潜在男友就在你的朋友圈里，所以，用心打造自己的朋友圈，是为自己的爱情埋下伏笔。

拓展圈子：事业和爱情的机会在哪里

最近在网上看到这句话："你为什么遇不到灵魂伴侣？就是因

为你的灵魂伴侣和你一样不爱出门。"是啊！这真的是一个悖论：我们渴望幸福，但又不出去邂逅幸福。我为什么教你在朋友圈里费尽心思地展示自己？就是因为你不爱出门。朋友圈里可能有我们想要的机会，但那只是一种可能，我们只有走出去才会拥有更多的机会，无论是爱情还是事业，都是如此。除此之外，从狩猎时期到现在，人想要更好地生存，就需要与别人合作，也需要朋友和团队，更需要机会和资源，而只有你走出去并拓展自己的圈子，这一切才有可能。

那我们应该走到哪里去呢？具体的方向是什么呢？基本上有以下五个方向。

一、同学、朋友聚会

在同学、朋友里寻找伴侣是最靠谱的，因为你们有共同的圈子，比较知根知底。我有一个同学，她的老公就是她的校友，但在大学的时候因为不同班，所以他们并不认识。毕业后两人参加校友聚会，认识后才发现他们在校园里曾经见过面，就互相加了联系方式，之后继续联络，后来他们便成了男女朋友，最后结了婚。两个人都感慨，如果不是参加校友聚会，那他们就可能永远都不会有交集，因为在大学校园里都擦肩而过了。

所以，只要走出去，交朋友、见人，就有遇到缘分的可能。幸福不属于懒人，需要你追逐它，然后抓住它。

二、爱好小团体

很多人都有自己的爱好，加入自己的爱好小团体，比如健身俱乐部、车友会、读书会、高尔夫俱乐部、潜水协会或者企业家协会等，更容易遇到发展爱情和事业的机会。因为在这里，大家有共同的爱好、话题和品位，甚至有共同的价值观，而且有可能年龄还相仿，所以更容易结交到同频共振的人。

我有一个朋友喜欢音乐、搞乐队，在业余时间加入了一个业余乐团，给乐团打鼓，因此认识了那里的吉他手。相处时间久了，他们发现双方不仅有共同的爱好，对生活、事业的看法也很相似，性格也很合得来，于是自然而然就发展成了男女朋友。我有一个咨询者曾经跟我讲过她是怎么认识她老公的：在她们的行业里有一个企业家，她很想认识他。打听到他参加了一个高尔夫俱乐部后，她也参加了，自然而然地他们就认识了并且相处良好，然后他们就恋爱并结婚了。

所以，在一个共同的爱好圈子里发展爱情有得天独厚的条件。无论你有目标还是没目标，只要加入这样的圈子，你就可能有获得爱情的机会。

三、专业培训班

这个圈子我是强烈建议大家加入的。为什么呢？这是因为参加专业培训班的人都是爱学习、上进心比较强的，甚至是能力比较强的，所以你在这里结交的朋友其综合价值就会更高一些，或者是潜力股，这非常有利于你结交到"优质男士"。所以，如果你在某方面需要提升，那就报一个这方面的培训班，比如注册会计师培训班、心理咨询师培训班、人力资源专业培训班和MBA培训班。在培训班里，你不但能碰到志同道合的人，还有可能碰到行业优秀人物，因此无论是你的事业还是爱情，都多了一些不错的机会。

四、社交媒体

要说现在最活跃的地方是哪儿，那一定是社交媒体。各种社交 App，音频的、视频的、文字的，像一个个大广场，虽然在这些广场上碰到人生伴侣有点儿像大海捞针，但也不是不可能的。我看到过两对情侣都是通过这种方式认识的：一对是在某个演员的评论区，两人经常去评论，一来二去熟悉了，因此就互相加了联系方式，后来发展成为恋人；另一对情侣中男的是一个博主，女的是他的粉丝，经常和他互动，于是变成了网友，然后双方约见面，还是在异地，最后他们也成了夫妻。所以一切都有可能，你的机会并不是固定在哪个地方，只要你多出现在一些场合，机会就会多一些。

提到社交 App，相亲 App 是我必须要说的。和其他的社交媒体相比，这里显然目的性更强，机会也更多。当然我们也要更小心谨慎，因为这里鱼龙混杂，有真心找对象的，但也有骗子，甚至有的 App 里骗子还不少，所以一定要找实名认证的网站，并且每一步都要小心谨慎。在这里找对象，怎么增加你的机会呢？首先要有一个亮眼的自我介绍。下面我给大家提供两个比较好的自我介绍，供大家参考。

男生的自我介绍：本人是北京人，毕业于哈工大，双硕士学位，在男生里面算是上进的了，因为不用靠父母就可以想娶谁就娶谁。个性独特，做事特立独行，看问题一针见血，性格真诚且不做作，平时不正经，做事很正经，说话直，但是会哄人，被剩下不是因为我哪儿有病，而是因为生活圈子小。我平时比较节约，但给女朋友花钱必须大方，因为世界上没有既好看又不用花钱捣饬的妹子，该买买，该省省。真人比头像上的要胖，因为工作勤奋而过劳肥，不回复信息就是对你没兴趣。

这份自我介绍简单真实，语言也比较有趣，说了自己的价值，也没回避自己的缺点，让人容易产生信任感，而在网上交友信任感是最重要的。

女生的自我介绍：本人毕业于复旦大学，房子买在杭州，有一辆凯迪拉克。现寻找人生合伙人，善良第一，聪明第二。找伴侣如同给自己找一个副驾驶，其实自己一个人也可以开车，遗憾的是人生的旅途上沿途美景无比精彩却无人与我分享，所

以希望找一个副驾驶可以帮忙拍照，累了可以休息，有人换着
开，希望两人的目的相同。

这份自我介绍内容非常丰富，既体现出了自己的高价值，
又展示了自己丰富的小资情调生活以及对情感的高追求，非常
有吸引力。

五、结交交际枢纽式人物

什么是交际枢纽式人物？其实就是社交达人，给人感觉他
什么人都认识，人缘又特别好，能够把你带进你想进的圈子，
认识优秀的人。我们可以多认识这样的人，并和他们交朋友，
比如你的老板或上司。如果你和老板的关系不错，你可以通过
他进入他的社交圈，这样就有可能拓展你的事业和成全你的感
情。

交际枢纽式人物一般性格比较外向，擅长交流，也很乐于
交朋友，否则他就成不了交际枢纽式人物。你可以在他需要的
时候帮他一个忙，然后再提出自己的需求。2013 年，我刚到广
州，人生地不熟，不知道如何开展业务。一次偶然的机会，我
认识了一个人，他人脉极广，很多人都认识他。于是我就找机
会约他吃饭，然后送了一个小礼物给他，既不便宜也不贵重，
后来在他的帮助下我才慢慢打开了局面。

交际枢纽式人物更能帮助你的事业，当然也有可能帮你介

绍姻缘，因为他认识的人多嘛！所以，多认识人、多进入圈子，你的可能性就会更大一些，人生也会更轻松一些，向上破圈的可能性也会更大。

识别渣男和好男人，让幸福变成可能

我们女人都渴望遇到一个好男人，与之展开一段美好的爱情，但有时结局却是：要么被甩，要么被虐，要么被骗。最后我们就得出一个偏激的结论：这世界上哪有什么爱情啊？哪有什么好男人？天下乌鸦一般黑，没有一个男人是好东西！事实真的是这样吗？为什么有的姐妹可以过得那么幸福，而我们总是遇到渣男呢？如果只有一次遇人不淑，那可能是我们运气不好，但如果总是这样，那很有可能是我们自己的问题，要么是我们经营感情的能力不够，要么是我们没有一双火眼金睛，不懂得识别谁是渣男，谁是适合自己的好男人。

那到底什么样的男人是渣男？什么样的男人才是好男人呢？

渣男通常有以下几种类型：

一、否定、打压你，操控你的情绪和人生

年轻时我遇到过这么一个渣男，他总是数落我的缺点，贬低我："吃饭怎么那么大声呢？""看来我的审美就是比你的好呀！"在我高兴的时候他给我泼冷水，我找到了一份自己喜欢

的工作，他却说："别高兴得太早了，谁知道你能干成什么样呢？"那时候我年少无知，不知道这就是精神暴力，以为自己是真的不好，所以被他打击得怀疑人生、自卑丛生，觉得自己根本就配不上什么好男人。

多年以后，我才知道这不是我的错，而是他的错！他就是一个妥妥的"渣男"，通过打压我获得优越感，通过情绪操控我的喜怒哀乐。离开他以后我清醒了，我没有他说的那么不堪，我是有缺点，但依然是一个好女孩，值得被男人好好对待。而他就是一个不懂爱的"渣男"，不值得我付出感情的人。

所以，如果遇到这样的男人，那你就赶快逃！如果发现他总是对你很挑剔，拿着放大镜看你的缺点，给你带来消极情绪，那你就赶快逃！因为这样的男人已经不只是情商低了，而是不善良，内心没有爱。

二、只想和你快点发展性关系

这样的男人我相信不少女孩都遇到过。男人的思维是狩猎思维，他们又是激素凶猛的动物，只想快速达到目的，用最小的代价狩猎成功，所以他们的很多言行都指向一个目的——怎么哄骗你答应和他们发生性关系。一旦发生性关系，他们就会停止付出，对你爱答不理的，让你陷入迷惘和痛苦，不过这样的男人还不是最渣的，最起码他们还是抱着谈恋爱的目的跟你交往。最渣的男人是根本就没想过和你谈恋爱，只是打着谈恋爱的旗号骗性，他们想找的是床伴而不是伴侣，一旦你提及结婚他们就会消失。

多年以前我有一个朋友，她的男友是外地公司派到她所在的城市工作的，送了几次鲜花和礼物就骗我朋友跟他发生了性关系，之后就再也不送礼物了，平时也很少联系，只要联络就是哄她发生性关系，连找旅馆的钱都不舍得花。我们知道后劝她立马分手，这样的男人太渣了。

对这样的男人我们一定要提高警惕，拉长互相了解的时间，他觉得达不到目的可能就会离开了。如果你不答应发生性关系他就消失，那不用怀疑——他就是渣男。

三、只有甜言蜜语，没有实质付出

这种渣男是比较难识别的，因为他对你没有明显的伤害，甚至还能为你提供情绪价值，但是我们一定不要被这种廉价的情绪价值感动，要记住这句话："凡是低成本甚至是没有成本的付出，都可以被视为没付出。"说几句甜言蜜语算什么付出呢？顶多花他一点点时间而已，而真正的付出是什么呢？是时间、精力、金钱和情感的实实在在的投入，尤其是金钱的投入，这是一个很重要、可以衡量的标准。这个标准不是物质，也不是世俗，人的生活离不开金钱，金钱更是爱情和婚姻的基础。如果一个男人几乎不在你身上投入真金白银，那就不用怀疑——他不爱你，而只想与你搭讪，或者骗你。

通常来说，一个男人为一个女人付出越多，他就越不会轻易离开，因为他不舍得自己的付出付诸东流，因此就算你们的感情出现了问题，他也会想办法去修补，这反而有利于你们感情的发展。

所以只会甜言蜜语画大饼的男人就算不是渣男，那也不是值得我们托付的男人。

那么，哪些男人才是好男人，甚至是"优质男士"呢？

一、直男

有些女孩可能会说："直男算什么好男人？他们都不能提供一点情绪价值。"没错，他们确实是不会撩、不懂浪漫、不懂女孩的心思，但如果你就因此将他们从好男人的行列中排除出去，那估计你找到好男人的机会也不多了。为什么这么说呢？因为大部分的男人都不太懂得女人的情绪和心思，遇到女人给出的情感压力时都会选择回避，这个问题我们在"男女差异"那一部分已经讲过，其实这不是男人的错，而只是他们的特质。如果我们说男人不浪漫是错，那男人也可以说女人要浪漫是错，所以直男不是坏男人。

如果你了解了直男的优点，可能还会觉得他们是不错的男人呢！首先，直男追求你的时候很直接，喜欢就是喜欢，不喜欢就是不喜欢，不会绕弯，欺骗你的可能性很小。其次，直男也许不懂浪漫，不会甜言蜜语，但是只要你引导他对你付出，他们一般都不会拒绝，甚至付出意愿还很强烈，因为直男往往有些大男子主义，认为男人就应该照顾女人，所以愿意为你花钱。但要注意，这种大男子主义是有限的，一旦太过分，如自以为是、漠视、控制女性等，那你就不能考虑了。最后，直男都有一定的上进心，就算情商不是那么高，他们也会尽力拼搏事业、多挣钱，因为他们想照顾好自己的女人。同时他们比较重视家庭，遇到问题他们也许会暂时逃避，但过后也会想办法跟你处理好关系。

你觉得直男是不是还算不错的选择呢？最起码他们是不错的培养对象。

二、专注发展事业不搞渣男那一套的男人

优秀的男人一定是不屑于搞渣男那一套的。一方面，他们没时间，因为他们要忙事业、学习和成长，没有时间也没有心思搞渣男那一套。另一方面，他们也不屑于、不需要搞渣男那一套。优秀的男人本身就很有价值和魅力，靠自身的魅力就可以吸引到女人，何必要搞渣男那一套呢？优秀的男人甚至都很少发朋友圈，因为他们专注于做事，不爱炫耀。这样的男人哪会去琢磨怎么去骗女人呢？

所以，如果你看到一个低调内敛、做事靠谱、专注事业、口碑又好的男人，那就可以确认他就是优秀的好男人了！

三、知道心疼女人的男人

好男人懂得心疼女人的困苦和付出，因为女人在身体上天生

要承受一些男人无须承受的痛苦，比如月经、怀胎十月、生产哺乳的痛苦甚至是危险。如果一个男人把这些看得无所谓，认为这是女人理所当然，所以不需要特别地心疼和关怀女人，那么他一定不是好男人。至于其他的，比如说男人认为做家务就应该是女人的事，因此不愿意搭把手，那他也不是好男人。反之，如果一个男人能在这些事情上有正确的态度，并在特殊的时期为你送上关怀，比如在你来例假的时候为你送上暖水袋、红糖水，夺下你手里正在洗的衣服，那么他就是好男人。

行走爱情江湖，我们一定要练就一双慧眼，懂得识别哪些是渣男，哪些是可以托付的好男人，多学习、多观察，这样渣男到你面前就一定逃不过你的火眼金睛，你的幸福也就很快来敲门了。

05 恋爱之道：
这些"招数"，助你恋爱成功

别做服从性太强的女人，要学会推拉

在我的学员中，有一些女孩条件不错，但是恋爱却谈得非常不顺，每一段恋情不但时间非常短，还谈得很憋屈，总是刚开始男生对她还不错，但渐渐就没兴趣了。我总结过她们的共同特点，发现这些女孩普遍服从性太强，男人说什么她们都听，提什么要求她们都服从，没有框架，不懂拒绝。

那这样会造成什么后果呢？第一，她们容易上当受骗。第二，男人觉得和她们在一起没有激情、挑战性，因为不用怎么追她们就答应了。第三，这类女孩通常不够独立，性格自卑、懦弱，能力较差，容易依赖男人，对男人缺乏吸引力，同时又给他们带来压力。

她们这种性格缺陷通常是由原生家庭造成的，从小就被要求绝对服从，不敢也不会拒绝别人。这种性格类似讨好型人格，就是用服从去换取别人的爱和一段关系的和谐，但恰恰因为她们太过于服从，反而容易遭到男人的欺负、欺骗和嫌弃。

那怎么去改变这种服从性思维呢？也就是在面对具体的问题时，如何从服从性思维中跳出来，有技巧地拒绝男人的要求，同时很好地保护自己呢？其方法就是"推拉"。

什么是推拉？它是指通过语言或行为将对方推开或者拉近，可以先推后拉，也可以先拉后推。先推后拉是指先通过"推"引起对方的注意或不满，再通过"拉"来缓和关系或解决问题。那先拉后推是什么呢？它是指先通过"拉"来拉近关系和表示支持，再通过"推"来保持距离或制造冲突。

为什么推拉对两性关系有帮助呢？因为它可以提升双方的情绪张力，制造双方的情绪起伏，从而让关系迅速升温。"推"通常使用的语言是调侃、打压，目的是制造矛盾；"拉"通常使用的语言是赞扬、肯定，目的是化解矛盾。一会儿制造矛盾，一会儿又化解矛盾，在这个过程中对方情绪不断波动，就会产生一种好玩、有趣和刺激的感觉，从而使得他愿意和你继续相处下去。

那具体来说，应该怎么推拉呢？我们通过以下几个具体的例子来说明。

一、推拉结合，既不服从也不拒绝

我有一个学员，刚刚认识了一个男生，颇有些好感，这个男生邀请她周末一起去旅行，她觉得时机不到，路上恐有不便，但又怕拒绝了会失去这个不错的准恋爱对象。我指导她这么说（推）："最近工作较忙，比较累，周末可能也要加班。"但她紧接着又说（拉）："不过如果你请我吃饭或者看电影，我是不会拒绝的。"于是男人欣然请她看电影。

这种推拉结合的方式好在哪里？即可以通过适当拒绝（推）来展现自己的原则和边界——我不会和不熟识的异性进行较为私密的接触，以此赢得对方的尊重，同时又通过热情的邀请给予了双方关系发展的可能性，避免了拒绝产生的尴尬或疏远。

为什么不能马上答应男人的要求？因为男人向女人提要求，不一定单单是为了让你答应他的某个要求，也可能是为了测试你。比如测试你的生活作风是否严谨，那么你拒绝他，他反而满意；也可能是对你进行服从性测试，看你好不好控制，好不好欺负，那么你的拒绝，等于是保护了自己。但是你不能拒绝得太坚决，那样你们就没有了发展下去的可能，所以你还需要留有余地，也就是"拉"。同时，拒绝他的过程也是建立自己的框架、引导他适应自己的框架的过程。这个时候你就从服从性人格转变成了有自己框架的人格。

二、拉到高点再推，制造过山车般的极致体验

假如有男生约你吃饭，你可以问他："你会做饭吗？"男生如果说："会。"此时你就可以说："那我们一起做吧！"他如果问："去哪里做？"你就说："去你家，方便吗？"这时候他的心情一

定会很高兴。到了他家里，你们一起买菜、洗菜、做饭和吃饭，你猛夸他的厨艺："哇！你做的饭真好吃！没想到你的厨艺这么好！"夸得他都不知道自己是谁了。吃完饭后，你问他："你是先吃水果还是先去洗碗？"他很有可能就去洗碗了。等他洗完碗，你挽着他的胳膊说："没想到你是这么体贴的男生，谁嫁给你谁就有福啊！"在他的心都快要跳出来的时候你突然放手说："我闺密约我逛街，她正在等我，我先走了，拜拜！"

你觉得他此时会是什么心情？肯定是从满怀期待到突然落空，心情就像坐过山车似的，眼巴巴地期待着和你的下次见面。这就是推拉——前面一直在拉近，后面又突然推开。

这个世界上没有那么多的一见钟情、怦然心动，但是我们可以通过推拉来制造类似怦然心动的情绪体验。这种体验越多，他对你的感觉就越深刻。所谓"刻骨铭心"其实就是情绪的极度起伏。如果你会推拉，那何愁没有令人印象深刻的交往过程呢？而且，推拉还能给对方带来快乐、刺激的情绪价值。

三、通过"推"，输出自己的框架，能让你得到更多

一个非常优秀的女人认识了一个超级优秀的男人，男人给她送各种奢侈品，她却毫不犹豫地拒绝了："这些东西我努力工作自己就可以买，我们现在只是普通朋友，不方便收你这么贵重的礼物。"男人一听，内心慌了："这还行？"于是立马向她求婚，把她变成了老婆。

这里的"推"起的作用太大了，表面上是"推"，其实是"拉"；行为在"推"，情感上却在"拉"。

在此过程中女人也在输出自己的框架——自己不会随便收男人的礼物，除非这个男人是男朋友或老公。这样的情况下，一个爱她的男人还会不知道怎么做吗？

四、通过"推"进行服从性测试，但要懂得见好就收

一个男生追一位小姐姐，便对她表白："我很喜欢你。"小姐姐说："我喜欢有8块腹肌的小哥哥。"于是男生回去拼命健身，几个月后终于练出了8块腹肌。小姐姐又说："我喜欢有8块腹肌的小哥哥每天早上叫我起床，晚上哄我睡觉。"男生立刻执行，每天早上变成人肉闹钟，晚上则是哄睡神器。小姐姐觉得时机差不多了，就立刻把他升级为男朋友。

这种"推"实际上是一种服从性测试，练出8块腹肌多难啊！这个男生如此愿意为自己付出，自己当然不能一直"推"，得见好就收，所以"推"也是有度的。

五、对直男，要多"拉"少"推"

对直男一定要多"拉"少"推"。为什么要这样呢？因为直男不懂女人的心思和恋爱的套路，如果你"推"得过多，他就会觉得你真的对他没兴趣，并不知道你其实是在欲擒故纵。比如上一个案例中那位小姐姐说"我喜欢有8块腹肌的小哥哥"，直男会直接把这句话理解为"她不喜欢我"。所以对直男不要用

那么多的套路，喜欢他就直接表示出来。

如果你真想"推拉"，增添情趣，那一定要多"拉"少"推"。比如直男约你吃饭，你可以说："今天太累了，我只想早点回家睡觉。"直男多半会说："那下次吧。"你马上问他："要不你到公司楼下来接我？"当他兴奋地到了你公司楼下的时候，你就给他打一个电话说："再等我一会儿，我还有些工作没处理完。"你磨蹭个十几分钟后，再出现在他面前。

这里面"推"的动作很小，"推"完后马上就"拉"回来，不让男生产生误会。但是也别让他那么容易得到你，因为人对特别容易得到的东西往往觉得没意思，而对费点周折才得到的东西往往就觉得很有成就感，男人更是如此，直男也不例外。和直男谈恋爱相对来说比较无趣，因为他们不懂浪漫，但是你可以通过"推拉"来制造点乐趣。

六、对爱撩妹的套路男，要多"推"少"拉"

直男不懂套路，但是有些男人却恰好相反，他们总想套路你。对这样的男人，你得多"推"少"拉"，以考验他们的耐性，测试一下他们的服从度，重点是检验一下他是不是渣男。

比如他不停地给你发信息，你要隔很久再回复："刚刚在开会，没有看到，抱歉啦！"如果他给你打电话，你可以挂掉，然后回信息说："现在很忙，过半小时后再打过来吧。"半个小时后他打过来了，你又挂掉，并回信息说："现在还是很忙，等一会儿再打过来哦！"如此折腾几次，如果不是真心喜欢你，那他可能就撤了，因为觉得你不好骗；如果这么折腾，他还联系你，那就别犹豫了，赶快把他"拉"回来。

这就是所谓"道高一尺，魔高一丈"，看谁的套路多。其实套路是一个中性词，如果我们用套路为自己谋幸福，但是不用套路去玩弄感情、伤害别人，那么这样的套路我们掌握得越多就越好。

"推"会让对方觉得你价值很高，不会轻易服从或选择一个男人，这样无形中他就会更加尊重你，为你付出更多；而"拉"会让对方觉得你很温暖，你在向他传递爱的讯号。这无疑对你们的感情是很有帮助的。

感情稳固：如何让男人长久爱你

我有一个咨询者，她最大的苦恼不是没有人爱她，而是每段恋情时间都不长，都在3个月左右双方就分手。"他为什么不能长久地爱我呢？我怎样做才能对他保持持久的吸引力呢？"

这确实是一个问题。男人可以因为你的颜值、新鲜感而爱上你，但要让他彻底、长长久久地爱上你却不是一件容易的事。那些拥有长久的甜蜜感情的人，究竟有什么秘诀呢？

一、认识初期不要吹嘘自己，不要拉高期望值

我有一个学员，她认识了一个不错的男友，很想在这个男友面前表现自己的优秀，于是就说自己是一个潜水高手，经常到大海中潜水，男朋友顿时对她膜拜不已。实际上，她只是在室内潜过一两次水而已。后来她和男友出游，男友提议到大海中潜水，她顿时害怕了，连水都不敢下，男友因此对她大失所望，认为她在吹牛，从而对她的好感大打折扣，之后对她所说的话也不再轻易相信，没多久就提出了分手。

恋爱之初，因为"光环效应"，我们本来就很容易高看对方，如果你再刻意吹嘘、抬高自己，那就非常容易在后面的相处中给对方带来落差感，最终导致对方怀疑你的诚信对你不满而分手。因此，在认识初期我们就应该客观介绍自己，建立在真实基础上的互相吸引才是真正的吸引，才有可能长久。

二、不要完全亮出自己的底牌，关键时刻让他眼前一亮

与上面那个学员的做法完全相反，我的一个朋友在和男友的相处中则非常低调，但在一次聚会中却让男友惊掉了下巴。那天是她男朋友的生日，生日派对现场气氛不够热闹，于是她就大大方方地站了起来，为大家跳了一曲《梦中的婚礼》。一曲舞毕，男朋友顿时傻眼了："原来你还会跳舞呀？而且还跳得这么好！"

这还不够，有一次她和男朋友去滑雪，去之前男朋友问她会不会滑雪，她说："我一个南方人，连雪都没见过，怎么可能

会滑雪？"结果，当她丝滑地驰骋在雪场上的时候，男朋友再次表示"上当"了："你到底还有多少技能是我不知道的呀？你简直就是一个宝藏女朋友呀！"从此之后男朋友爱她爱得更深，说这样的宝藏女朋友必须捧在手心里，不能给其他男人任何机会。

每个人都是一本书，但如果刚打开某本书就知道了后面所有的内容，那你还会对这本书有兴趣吗？所以，在两性相处时最好不要把自己的所有亮点"和盘托出"，而要一点一点地展示给对方看，一次次带给对方惊喜，让自己在对方心里不断加分，这更有利于感情的发展。

有的人可能会说："我很普通，不像这个女孩既会跳舞又会滑雪，我没有什么可以展示的。"其实不是这样的，你不会跳舞、滑雪，但你会做饭、收纳、下棋、唱歌呀……你总有自己的闪光点，一点一点地展示给对方看，就能达到不断给对方惊喜的效果。

三、关系确定后，避免躺平心理

由于狩猎心理，男人在追求成功后往往会减少付出，但其实这时女人也会对感情懈怠，只不过没男人那么明显罢了。有些女人在恋爱关系确定以后也会松一口气，觉得终于无须表现得那么完美了，可以不用那么温柔、懂事和知性了，于是就开始放飞自己，甚至"作"了起来。这时候男人往往就会失望："哦，原来你那么多优点都是伪装出来的呀！"

其实也不能说是伪装，而是一个人为了吸引异性会自然地选择展示自己好的一面，就像孔雀开屏一样。但孔雀不可能一直开屏，所以在恋爱关系确定以后女人的另外一面就会暴露出来，懒得再"开屏"取悦对方。但是当你不再展示自己的价值、无所谓给不给对方惊喜、任由自己的缺点被对方一览无余的时候，你们可能就离分手不远了。

一段长久的恋爱关系是建立在长期的苦心经营之上的，如果你想躺平不作为，那就不要抱怨："他为什么不能长久地爱我呢？"

想要感情不灭，就要拒绝躺平心理，始终抱有经营的意识，不断地向对方呈现更好的自己，这样才能抵消漫长岁月对感情的消磨。

四、为对方提供无可代替的价值

我有一个朋友，她把男朋友"吃得"死死的。男朋友因工作需要查阅英语文献时，她就立刻帮他查阅，并整理好放在他的面前，因为她是英语专业的高才生。她性格开朗，善于结交朋友，时不时组织聚会，把自己的朋友介绍给男朋友，男朋友因此做成了几个项目，赚了不少钱。男朋友说，别人的女朋友只是女朋友而已，而他的女朋友则是"女朋友＋高级秘书＋项目经理"，有这样的女朋友，他赚大了！所以我的朋友也非常自信，她从不担心这份感情有什么变故，因为她知道自己的价值对男朋友来说无可替代。

爱情和婚姻的本质就是价值交换，如果你能为对方提供无可替代的价值，让对方在现在和未来都能获得看得见、摸得着的收益，那他肯定离不开你。有人会说这样的感情会不会显得太功利了？不会，因为爱情和婚姻本身就包含感情和物质以及利益，所以我们不必因此就觉得有损感情的纯粹，而要想办法为对方提供更大的价值。

感情本身没有保鲜功能，喜新厌旧是人的本性，感情由浓转淡也是必然趋势，唯一能够延缓这个趋势的办法就是不断更新自己，向对方呈现一个更好的自己，为对方提供价值，这才是一份感情可以长久的秘诀，除此之外别无他法。这也说明没有人可以在感情中一劳永逸，幸福只属于愿意为它付出的人。

让男人更爱自己的法宝：心理暗示

有时候我们很不解，明明刚开始感情很一般的情侣最终却能爱得甜蜜，走进婚姻；而明明一开始爱得死去活来的情侣却在不久后就劳燕分飞。这到底是什么在起作用呢？

我有一个同事，他的女朋友很喜欢做各种心理测试——什么人格测试、职业测试和爱情测试等。有一次他女朋友做了一个爱情测试，测试结果说他们特别合适，如果他们在一起的话，生活和事业都会特别顺利。女朋友非常高兴地说："咱们真是天造地设的一对。"之后，只要他们身上发生点什么好事，女朋友就说：

"看，咱们在一起果然什么都顺。"说的次数多了，我这个同事也觉得是这么回事，这么合适的人可不能错过了，于是就向她求了婚。

这就是心理暗示的作用，你想让对方的行为朝哪个方向发展，就用语言或行为暗示他当下的行为就是这样或有这个倾向。比如，想让男朋友更爱你，你就天天这么说："你怎么这么爱我呢？对我那么好呢？全世界对我最好的人就是你了。"只要他做了一些对你好的事情你就这么说，说得多了他就被"洗脑"了，不但相信自己特别爱你，就连行为也是爱你的表现。因此，就算最开始时他不是那么爱你，后来也会变得越来越爱你。这是被科学实验验证过的心理学。

1968年，美国心理学家罗森塔尔等来到一所学校做了一个实验。他挑选了一批学生，然后暗示该学校的老师这些学生的智商很高，随后就离开了学校。几个月后，他再到这所学校搞调查，发现这批学生的学习成绩普遍提高了。这是为什么呢？原来，学校的老师也通过表情和行为暗示他们是高智商的学生，得到这个信息的学生认为自己就是罗森塔尔教授挑选出来的高智商学生，于是发奋学习，因此成绩自然就提高了。这时，罗森塔尔宣布了一个令人震惊的消息：这批学生根本就不是什么高智商的学生，不过是他随机挑选出来的普通学生而已。

这批学生本来学习没有那么努力，但当有人暗示他们是高智商的学生、将来学习成绩一定会很好的时候，他们的学习成绩就真的变好了。为什么会这样呢？因为人天生就向往美好，希望自己变得优秀，愿意维护自己好的人设，所以，如果有人暗示他很好（对别人好也是一种好），他的行为就会朝着这个方向去发展，用行动证明他人说的是对的，这也算是人的一种自恋心理。

这种心理用在亲密关系中就是，男朋友本来爱你只有 5 分，但你经常暗示他爱你有 10 分，结果他就真的爱你越来越深，因为他希望在你心里有一个好的人设，这就是积极暗示的力量。所以我们常说：要多夸别人，多说积极的言语，多做积极的行为，就是因为积极的言行能给别人一种积极的心理暗示。

既然心理暗示的作用这么神奇，那在亲密关系中我们该怎么用好它呢？下面给大家推荐几个小方法。

一、让积极的暗示无处不在

聪明的女人会让积极暗示充斥在两个人的相处中。我有一个闺密，她每次和男朋友约完会，回到家后接到男朋友的电话时都会说："哎哟，刚分开你就想我了，就这么离不开我呀？"男朋友一给自己发信息，她就回复说："哎哟，又想我了？"有一次男朋友帮她换了一桶水，她就又说："你看我的男朋友多有男性魅力！我要发条朋友圈让朋友们看看我男朋友有多爱我。"果然，在她的暗示下男朋友十分爱她。

所以，如果你也能这样无孔不入地暗示男朋友很爱自己，那么你得到的一定是较为正向的结果。不需要找特别大的事情，哪怕是男朋友给你夹了一口菜，你也可以马上说："你看我男朋友啥时候都想着我！"

我知道有些女孩子的嘴不是那么甜，这些话可能不是那么容易说出口，那就可以用行为暗示，比如男朋友给你夹了一口菜，你就给他一个微笑；他帮你换了水，你就给他竖起一个大拇指并感激地说："有你真好！"重要的不是技巧，而是你有积极暗示的习惯。不要对男朋友的付出感到漠然，这样积极暗示的语言和行为就能很自然地表示出来。

二、用选择进行暗示

什么是用选择进行暗示？比起积极的语言和行为，这个可能更有"心机"一点，比如吃完饭你想让他洗碗，你就说："你想先拖地还是先洗碗？"他可能会说："我先洗碗吧！"其实这个时候你就在对他进行心理暗示，暗示他既愿意拖地又愿意洗碗，只不过是先做哪一样。这种方式可以用来引导男人为自己付出。

又比如，想约喜欢的男孩出去旅行，你可以这么说："你是想去大连看海呢，还是想去三亚吃海鲜？"这是暗示他肯定会跟你去，至于去哪里对你来说并不重要。

男人是很有可能被这种暗示"套路"的，因为人类的大脑喜欢节省思考成本，选择对我们来说是要耗费精力的，比如选择这份还是那份工作、选择这个还是那个男人、选择这件还是那件衣服，所以一些人有选择恐惧症。尤其是男人，他们的思维是直线的，面对复杂的选择通常懒得思考，特别是生活中的小事，他们往往会快速选择其中的一个，所以利用这个方式我们可以引导男人去做我们希望他做的事情。

三、切勿对男友进行消极暗示

前面说的都是积极暗示，也就是抓住男人表现好的点进行暗示，但是如果你总是抓住男人表现不好的时候对他进行消极暗示，那结果一定是相反的。比如男朋友漏接了你的电话，没有秒回你的信息，或者"5·20"那天忘了给你发红包，你就抱怨他说："你心里根本就没有我，一点都不爱我。"说得多了，男朋友可能就真的不爱你了，因为你已经给他贴上了"不爱你"的标签，于是他就会认为不管他做什么都难以改写这个标签。有些女孩子是怎么把男朋友"作"没的？就是用消极暗示。积极暗示会让男朋友更爱你，而消极暗示可能就会把本来爱你的男朋友"作"走。所以，抱怨、指责和贬低对方都是亲密关系中的大忌。

所以，"幸福是掌握在自己手里的"这句话真的不是鸡汤，而是实实在在的一种能力，你懂得怎么经营亲密关系，幸福就被你掌握在手里；你不懂得经营，幸福就会像蒲公英一样随时都会被风从你的手里吹走。

爱一个人，不必羞于谈钱

你有没有听说过"谈钱伤感情，谈感情伤钱"这句话？谈恋爱一定是要花钱的，吃饭、看电影、旅游和送礼物，哪个不需要花钱？尤其是送礼物，小则一束花、一件衣服，大则金银首饰、奢侈品、房、车，谈恋爱真的很伤钱。所以男人谈恋爱也很谨慎，一是会谨慎地选择对象，二是会谨慎地花钱。因此一些"懂事"的女人就特别为男人着想，觉得他们赚钱不易，谈钱太物质，会伤害两人之间纯粹的感情，破坏自己"独立女性"的人设……所以她们总是羞于谈钱，认为不轻易谈钱的女人才是好女人。

我的一位咨询者，她妈妈从小就教育她，女孩要自立、自尊，不能虚荣，不能随便向别人提物质要求，尤其是对男人，否则他们就会看轻她。而爸爸妈妈也经常拒绝她的要求，导致她渐渐失去了向别人提物质要求的能力。长大后谈恋爱，她从不敢随便向男朋友提物质要求，尤其是要礼物、钱。看到别的女人炫耀男朋友送给自己的礼物，她非常羡慕，同时又非常鄙视她们，觉得她们很庸俗。但是她这样的自立、自尊并没有获得男友的珍惜，男友在生活中对她极尽挑剔和压榨，不仅从不主动为她花钱，两个人的开支还经常让她付款，她最终忍无可忍，就分了手。

不花男人的钱就能得到他们的尊重吗？不一定，一个男人愿意为女人花钱，一定不只是愿意为她花钱，而是愿意给她爱。钱是表达爱的一种方式，这一点都不俗气，因为一个人想过得好，方方面面都需要钱。男人为你花钱，是希望你过得好，唯恐你过得不好；而不愿意为你花钱的男人，很明显他是没把你的幸福放在心上，不在乎你，自然就不会尊重你。

男人知道追女人一定要花钱，但是一旦他发现不需要花什么钱，你也愿意和他在一起。有些善良且聪明的男人会珍惜这样的女人，但是也有一些男人，并不觉得这是因为他运气好碰到了一个好女人，反而觉得这是他的魅力使然。同时，为了让你永远不觉醒，他会通过一系列的态度和行为，比如夸你懂事，让你多付出并觉得这样做是理所当然的。

不要忘了男人的底层逻辑是丛林法则，女人也是他们的猎物，不需要花什么诱饵就可以得到猎物，那他还会觉得这个猎物太好吗？不会，他只会觉得他的狩猎技术太高。

所以，在亲密关系中不谈钱、不要钱是危险的；相反，学会适当谈钱，反而会让男人更爱你。

一、抛弃不好意思谈钱的羞耻心

有哪几种女人不好意思谈钱呢？

第一种就是特别为男人着想的女人。她们觉得男人赚钱不容易，既然两个人谈恋爱了，那为他省就是为自己省。这种想法是不够成熟的。第一，感情是有风险的，你现在只是谈恋爱，还没结婚，所以你为他省真的只是为他省，而不是为自己省。第二，你心疼他，为他省，换来的可能不是他的尊重和珍惜。

第二种是独立、清高的女人。现在有一部分女人赚钱多，经济独立了，不屑于花男人的钱。还有一部分女人呢，其实也没什么钱，但是硬拗"清高"人设，觉得不花男人钱的女人才是有格调的好女人。其实这都是不懂感情、不懂男人的表现。你要清楚一点，你花男人的钱，目的并不是得到他的钱，而是得到他的爱，所以不花男人的钱就等于拒绝了他用钱向你表达爱的机会，这样对你们的感情是不利的，因为他每为你花一次钱都是在强化他对你的爱。

第三种是自卑、懦弱、配得感很低的女人。这类女人就是之前提到的我的那位咨询者，结果显而易见——她并不会因此而得到男人的尊重。

所以这三种女人都要大胆抛弃不好意思、不敢向男人提钱的想法，钱本身并不含贬义，谈钱并不会降低我们的人格高度，相反，它还能让我们的亲密关系变得更好。

二、当男人主动为你花钱时，不要拒绝

除了要大大方方地主动和男人谈钱、要礼物之外，还要做到当他主动给自己花钱的时候不要拒绝。我有一个朋友，她年轻时谈恋爱，男朋友说："给你买一件衣服吧！"她说不要了，自己的衣服已经很多了；过节男朋友给她买束鲜花，她说这样

浪费钱，下次不要买了；男朋友想给她换部新手机，她说旧的还能用。这样几次之后，男朋友再也不给她送礼物了，她又觉得有点失落，觉得男朋友不够爱她。

这就是"既要……又要……"——既想在男朋友心目中揽一个"朴实贤惠"的人设，又想要他的礼物和爱，活得特别拧巴。其实你尽可以大大方方地接受礼物，这不仅让你自己高兴，也让男朋友高兴，因为他觉得自己有价值、被需要。相反，如果你拒绝他为你花钱，那就会浇灭他对你好的热情。你接受他的礼物，再给他来一句感谢的话语："谢谢你！你最爱我了。"这样才是正确的态度。

三、拒绝 AA 制

现在有一些男人，迎合某些女人的独立人设，说"既然你们想要独立、男女平等，那我们就采用 AA 制，彩礼你们也不能要。"如果遇到这样的男人，一定不要上这个当！因为除了人权、人格之外，其实男女之间没办法做到绝对平等，因为男人和女人天生在生理上就不平等。女人怀胎十月、生产哺乳的辛苦以及身体损伤，男人能与女人采用 AA 制吗？如果不能，男人要求在其他方面和你采用 AA 制，那就是想占你的便宜。

彩礼习俗之所以会流传下来，就是对女人生育做出的补偿。在古代，人们为什么称富家小姐为"千金"？有一种说法称，就是因为她成年后娶她的人要为她付上千金的代价。所以一个男人说爱你却不愿意给你任何彩礼，并且在这方面叫嚣男女平等，你要清醒知道这并不是真正的男女平等，对此我们要明确拒绝。我们可以适当向男人要点彩礼，但是不提倡以彩礼作为交易筹码，比如不给多少万元彩礼就不嫁，这样的价值观是不对的。

聪明的女人，会引导男人为自己付出

你是否发现身边有些女孩子并不是普通人心中定义的优秀，甚至多少还有点现实、物质化，但最终却嫁得不错，婚姻也很幸福？她们到底用了什么招数呢？

其实，招数就是她们引导男人为自己付出。当一个男人一直在做着爱你的事情——付出，他就会渐渐相信自己是爱你的，因为行为具有心理强化的作用，而你们的感情也会在相互付出的过程中逐渐升温。相反，如果你们两个人都没有付出的行为，感情就会停滞不前。

所以，在感情中除了自己需要付出外，引导对方为自己付出，是培养感情的一个很重要的方式。

如何才能引导男人为自己付出呢？我们不能直接要，那样会让男人感觉不舒服，也会让自己失去自尊；也不能在男人不付出的时候一哭二闹三上吊，那更会让他们反感。所以，引导男人为自己付出，需要一点智慧、巧劲。

你可以通过以下几种方式引导男人为自己付出。

一、说出自己的期望

一部电影里，女主角看到一张图上有一套漂亮的房子，就说："我喜欢这样的房子。"男主角立刻说："好嘞，我有奋斗目标了。"你看，女主角轻轻松松地就引导男人为自己付出了。也许你会说这个男人只是说说而已，不一定能做到，但是如果他连话都不说，听到了还假装没听到，那他是不是更不可能付出？他能说出来起码说明他有这样的意愿，至于能否做到，可以后面再观察。

所以，在日常生活中你可以在适当的时机表达自己对未来或伴侣的期望，比如你说："我觉得大方的男人特别有男性魅力，会做饭的男人比有 4 块腹肌的男人还有魅力。"如果男人真的喜欢你，那他就会往这个方向去努力。

二、先引导男人付出他容易做到的

如果一个男人非常重视自己的工作，最近又很忙，你引导他："下星期我想去三亚旅行，如果有个人陪我去就好了！"我想他不会搭理你，顶多说一句："祝你玩得愉快！回来时我去接你。"所以，不要去引导他做不容易做到的事情。刚开始的时候，要引导他容易做到的事情，比如事业型或经济条件好的男人，他给不了你时间，因此你可以引导他给你买一个礼物；经济条件一般的男人，你可以引导他多陪伴你，这会让他觉得能够满足你。等你们感情更好了，再去引导他付出成本更高的东西。

三、用示弱引导男人付出

男人是很吃"示弱"这一套的，他喜欢让别人觉得他很强，因此你就要给他制造这种感觉，让这种感觉促使他为你付出。比如你说："我特别怕黑，你能来接我吗？""好累哦！我走不动了，你能背我吗？""我真的是电脑盲！亲爱的，周末你能帮我修电脑吗？"这些话可以用撒娇的口吻说出来，我想大部分的男人都会抵抗不了，迫不及待地想为你做这些事情。

四、及时奖励

男人付出后，你一定要及时给予奖励，让他有动力继续为你付出，比如你说："亲爱的，太谢谢你了！有你真好！"即使他的付出不是那么让你满意，比如送了一个你根本就不喜欢甚至都用不上的礼物，你也要先肯定，然后换个时间再告诉他："这个礼物不是很适合我，但你的心意我很满意。"甚至你可以把这件事编辑成一条信息发到朋友圈"凡尔赛"一下："男朋友送我一套化妆品，但他不知道我的肌肤是敏感肌肤，这可怎么办？"

你的男朋友从这个过程中得到了什么？他得到了情绪价值。他为你付出，你们两个人都得到了快乐，你们的感情在这个过程中得到了滋养，他也有了继续为你付出的动力。

五、回馈男人的付出

谁的付出都不是理所当然的，如果只是对方为你付出而你没有回馈，那他的付出也不容易长久，所以你也要时不时地回馈他的付出。回馈的方式是多种多样的——可以是一个热吻、一顿美食，也可以是其他物质。如果回馈物质，可以不用那么贵重，但是一定要让他觉得你特别用心，比如做一道他心心念念的家乡美食。

在引导男人付出时，我们还要遵循以下三大原则，这样付出才更有效。

一、真诚

不管你学会了多少恋爱之道，真诚才是最大的道路。任何方法和技巧脱离了真诚，都会事倍功半，甚至是无效的。如果你在引导男人付出的过程中，让他感觉你只是图他的钱，想从这段关系中得利，而不是为了两个人的幸福着想，那他随时都会停止甚至是收回他的付出。所以，经营亲密关系的根本是真诚。

二、忠贞

男人非常在乎女人的忠贞，这是男人的基因所致。一个不和其他男人搞暧昧、对他不离不弃的女人，才能给男人安全感。忠贞也是对两个人感情的尊重，如果你一边引导男人为自己付出，一边做对他不忠贞的小动作，那对他会是非常大的伤害。所以我们要忠于男人以及两个人的感情，让他的付出不至于付诸东流。

三、不要有"公主病"

有一个全心全意爱自己、愿意为自己付出的男人是一件幸福的事情，但是千万不要因此就有优越感、贪婪或者不懂分寸，把自己当成公主，把对方当成仆人，什么都让他做，还对他指手画脚、颐指气使。

如果对方在你的引导下越来越爱你，愿意为你付出，大事小事都让着、宠着你，那你应该感到幸运和感恩，而不是犯"公主病""作"。爱情易碎，幸福并不容易，所以我们应该珍惜。

许多情侣的感情没有卿卿我我、你侬我侬，却依然维系得很好，其秘诀就是，彼此习惯了为对方付出，一旦付出多了谁都不想放弃这段感情，因为沉没成本太高，改变习惯太难。这就是引导男人为自己付出的意义：不是为了占他的便宜，而是为了两个人的幸福。

用男性思维谈恋爱，90%的情感问题都能得到解决

有人说，如果女人用男人的思维谈恋爱，那90%的情感问题都能得到解决。

我有一个学员，以前她总是魂不守舍地盯着手机看男朋友有没有秒回自己的信息，要不就是猜疑男朋友的各种言行：男朋友说这周末不陪她了，她就猜疑他是不是不爱自己了；男朋友两天都没有主动联系她了，她就猜疑他是不是不爱自己了；男朋友今天只顾玩游戏，都没有好好陪自己，她就猜疑他是不

是不爱自己了……她谈恋爱谈得像受虐一样。

但是，在我这里上完课后，她的恋爱观就大变，逐渐从"琼瑶女郎"变成了"亦舒女郎"：她不再期待男朋友是否及时回自己的信息，哪怕不回也没关系；男朋友有空的时候她就好好陪他，没空时她就读书、追剧和陪闺密；对男朋友有什么疑虑，她就及时说出来与他沟通，而不是胡乱猜测。自从发生这样的变化之后，她不但自己变得快乐了，工作时也更专注了，领导都夸她工作有进步。更重要的是，男朋友也比之前更爱她了。她的整个幸福感都提升了！她说，早知道这样，谁还想做天天等着男朋友电话、等不到就抓狂的"恋爱脑"女人！

果然，用男人的思维谈恋爱，以前让她纠结、痛苦的种种情感问题，好像突然就消失了！

为什么会这样呢？为什么用男人的思维来谈恋爱，感情就更容易顺畅呢？

一、对爱情和伴侣的期待值较低，不容易失望

男人渴望爱情吗？当然渴望，但是就像他们也渴望工作、朋友和亲情一样，爱情只是他们生活中的一部分，并不比其他部分重要很多。除了追求阶段之外，他们的生活重心并不在爱情方面。正因为没有把爱情太当回事，所以男人对爱情和伴侣的期待值就没有那么高。这样的好处是，当爱情或伴侣不能让他们满意的时候，他们也不会太失望。

但是女人就不一样了，她们往往把爱情看得比工作、朋友和亲情更重要。有很多女人有了稳定的男友之后就松了一口气，觉得有依赖了，在爱情和工作发生冲突的时候自然而然地放弃工作，选择爱情。这就造成了女人对爱情和伴侣的高期待，而因为期待过高，所以伴侣稍微让她们不满意，她们就会产生强烈的负面情绪，从而导致伴侣也不开心，最终影响两个人感情的发展。

如果我们女人也能像男人这样不把爱情太当回事，不神化它对我们人生的重要性，那么我们在男友没有回自己的信息时就不会抓狂、患得患失，认为他不爱自己了，这样我们就比较容易在感情中保持稳定的情绪状态。

二、面对爱情要理性且勇敢，不易为爱所伤

男人在感情中情绪比较稳定，不仅仅是因为他们对爱情和伴侣的期待值低，也因为他们天生理性且勇敢。其实，男人在爱情中受到的挫败不比女人的少，面对爱情，男人更多的时候是主动出击，因此被拒绝的可能性就更大。但是很少看到男人从此就一蹶不振，说再也不相信爱情了，因为男人的思维是，我需要我就去追求，追不到我就接受现实，然后调整目标再去追求我能追求到的。男人的思维非常清晰、现实，不像女人那样——想要却只是被动等待，失去了又哭天抢地，好像伤害她的是爱情、男人，其实是她自己。

我们非常有必要向男人学习这一点。他们在理性方面天生具备生理优势，比如他们大脑的"隔间"比较结实，所以他们大脑制造血清素的速度比较快，这一点我们无法改变，但是他们面对爱情时勇敢的态度和不易受伤的强大内心，我们却可以通过学习慢慢提高。如果我们也敢大胆、主动地追求自己喜欢的人，追求不到也无所谓，那么不但有助于我们在感情中保持情绪稳定，更有助于我们找到自己喜欢的人，掌控自己的人生。

三、沟通和解决问题的方式简单直接，不轻易情绪内耗

我有一个朋友，她刚认识男友的时候觉得感情不太好驾驭，就发信息说："不想谈了，咱们别再见面了。"男友立刻就回了一条信息："今天晚上7点钟，咱们见面谈！"见面后，男友摆事实讲道理，说服了她，于是两个人的感情继续发展了下去。

这就是男人解决问题的方式，遇到问题就解决它，且解决的方式简单直接，在这个过程中不会胡思乱想。假如是我们女人遇到这个问题，那首先情绪上立刻就翻江倒海了，然后"内心大戏"开始上演："我很差吗？昨天不是还好好的吗，为啥今天就要分手了？和他分手后，我还能找到这么好的男人吗？"总之，女人通常把昨天、今天、明天都想一遍，把"情绪内耗"演绎得淋漓尽致，最后要么带着伤害接受这个事实，要么带着情绪去解决问题，但带着情绪能解决好问题吗？

所以，如果我们也能遇到问题就解决它，简单直接地沟通，而不是先情绪内耗，那一定会让自己更开心，也会让男人更爱

自己，因为他看到了一个成熟、淡定和有魄力的你。

四、不是非常在乎情绪价值，被偶尔忽略也能接受

女人在感情中的最大软肋就是太在意自己的感受，太在意男人是否在意自己的感受，以及是否给自己提供了情绪价值。情绪价值的确重要，但它是感情中的奢侈品，男人和女人之间有那么大的差异，同时男人对情绪又那么不敏感，注定了他无法很好地给女人带来情绪价值。你向男人要他本来就没有的东西，这不是自讨苦吃吗？

而大部分男人不会因这个问题太伤神，他们更在乎的是事情的结果。我在实际接触中发现，不少男人，只要你答应继续跟他们约会，他们看到这段感情在往好的方向发展，他们就不会那么在乎你这一会儿有没有陪他们、你这句话有没有照顾到他们的情绪，因为他们会自动消化掉这些。

所以，如果我们也能像男人这样把对情绪价值的需求降得稍微低一些，就更容易在感情中得到满足。或者我们可以把对情绪价值的需求转移到友情、亲情和自己身上一些，并非只有伴侣才能给自己提供情绪价值，朋友、亲人和自己都能给自己提供情绪价值，自己就不能哄自己开心吗？吃顿美食、看部电影，都能得到乐趣。

我知道，看到这里肯定有人问："如果这样，那我还要男人干吗？"亲爱的，我们当然需要男人，以及情绪价值，但不要把他们上升到过高的位置。我们需要的情绪价值是，有你陪我很快乐，没你陪我有能力让自己快乐，这才是对待情绪价值的正确态度。如果一味地向对方索取陪伴、安慰等情绪价值，那只能说明你的内在不够完整，需要对方填补，而对方又无法填补，时间长了就必然导致感情恶化。

所以，学会自己满足自己的情绪价值需求更重要。不是说对方提供的情绪价值不重要，而是说我们应该把人生的主动权掌握在自己手里，去追求自己更容易把握的东西。

五、多种价值来源，能从更多事物中得到快乐

男人之所以不易被爱情左右自己的喜怒哀乐，还有一个很重要的原因就是他们的快乐来源有很多：在爱情这里失意了，在工作那里还能得到价值；在工作那里失意了，还能在朋友那里得到肯定；在朋友那里失意了，还能在爱好那里得到乐趣。所以，男人的爱情不那么如意又如何？他们有多种方法让自己快乐。

相反，如果你只关注爱情，不去拓展自己的事业、朋友和爱好，那你的喜怒哀乐就只能被爱情绑架。爱情顺利，你就快乐得像上了天一般；爱情不顺，你就仿佛掉进了地狱一般。

所以我们要向男人学习，拓展我们的价值和快乐来源。除了爱情之外，我们还要好好地发展自己的事业、朋友和爱好，尤其是工作，因为工作最能给我们带来成就感和价值感。这不仅能使你自己更快乐，还能让你与男人并肩共进，与他有更多的

共同话题，给他更多的支持和帮助。

一个是能让自己快乐还能给男人更多支持的女人，另一个是自己不快乐还拖他下水的女人，你说男人会选择谁呢？

综上所述，我们会发现，之所以用女人的思维谈不好恋爱，是因为她们在感情中要得太多，想得也太多，但解决问题的行动和方法却太少；而男人则刚好相反，所以相对来说，男人在感情里更轻松。因此，如果我们想在亲密关系里更幸福，男人这一套面对感情的思维方式，我们就必须学一些了。

分手要慎提，别玩"狼来了"的感情游戏

有一个朋友说她分手了，我说："你终于搬起石头砸自己的脚了吧？"我这个朋友和男朋友之前闹过很多次分手，每次男朋友惹她不高兴，她就和他大吵一架，然后再大哭一场，最后伤心欲绝地丢下几个字："咱们分手吧！"男朋友一听马上就慌了，赶紧忙不迭地道歉："对不起，我错了，你说啥就是啥，以后我再也不惹你生气了。你看，这是我给你买的玫瑰花，还有你最爱吃的冰激凌，别生气了啊！"男朋友进行一番熟练的操作后，她也见好就收，两人和好如初。他们这样的戏码上演了多次，我提醒她："你悠着点吧，假分手次数多了容易变成真的。"她对此不以为意："不会的，他那么爱我，不会和我分手的。"谁

知道这一次她的"分手吧"三个字刚刚说出口，男朋友就立刻说道："行！"她惊呆了，但还是强装镇定地说："过不了多久，他就会来哄我的，到时候我再给他点儿颜色看看。"谁知道三天过去了，男朋友连一条信息都没有发。这次轮到她慌了，一个电话打过去，哭着问："你为什么不哄我了？"男朋友淡淡地说了让她的心沉到谷底的两个字："累了！"他们就这样彻底地分了手。

我相信这个故事对不少女孩来说并不陌生，因为她们或多或少都玩过这个游戏，尤其是第一次谈恋爱的女孩，反反复复地说分手，然后复合，最终就真的分了手。这些女孩为什么爱说分手呢？明明她们心里并不想分手，或许连她们自己都不知道这是为什么，只是凭着本能这么做而已。她们的男朋友又为什么每次都哄她们，突然又不哄了呢？这期间到底是一个什么样的心理过程？今天咱们就来剖析一下。

一、要挟男朋友服从自己

这其实是一个服从性测试，潜台词就是："你不听我的，不能让我满意，那我就和你分手。你怕了吧？怕就听我的。"如果男朋友真的来哄她，她就认为自己这个测试成功了："看，他果然害怕失去我，果然听我的话。在这段关系中，我占据着高位，控制着这段关系的走向。"其实这是一种错觉。

二、享受被爱、被宠、被哄的感觉

喜欢被哄是女人的天性。她们喜欢被男朋友抱在怀里，软语温存："我最爱你了，我错了，不想分手，没有你我可怎么办？你看，这是我给你买的礼物。"这一刻，她们才有强烈的被爱的感觉。可是如果感情过于平稳，那她们就体会不到这种感觉，所以她们时不时就拿"分手"作一作、闹一闹，给男朋友一个哄、宠自己的机会。这是女人的虚荣心和不安全感在作怪。

三、试探男朋友是不是真的爱自己

这种心理占了很大一部分，就像林黛玉经常对贾宝玉说："你去找其他姐姐妹妹吧，别再来找我！"这是她的真心话吗？当然不是！这不过是她试一试贾宝玉是不是真的会去找其他女孩子，心里是不是真的只有她自己。这是对这份感情缺乏自信和安全感的表现，所以她就用分手来试一试男朋友是不是真的会和自己分手。如果不分，则说明他真的爱自己；如果分了，自己当然会伤心欲绝，但一颗心也落了地。

四、没有处理感情问题的办法，只能情绪化表现

以上三种原因首先是女人内心弱小的一种表现，害怕失去，没有安全感，才会不断对男朋友进行要挟和试探；内心缺爱，才会想体验强烈的被爱的感觉。这种弱小、不够成熟的内在，导致她们在遇到感情问题时不知道如何应付，只能采取这种幼稚的办法。这就好像幼儿园里小朋友的表现："你不给我糖吃，

我就哭闹给你看。"她们则是："你不让我满意，我就闹分手给你看。"其本质就是一种情绪发泄，当然解决不了根本问题。这也是因为她们不懂如何经营感情，缺乏理性地解决情感问题的有效方法，所以只能凭着本能处理。

既然这样，她们的男朋友为什么会为她们的闹分手"埋单"呢？这是因为爱。我们不能否认每一对情侣刚开始的时候都有爱，并且有足够热诚的爱，这种热诚的爱使他们愿意承受女朋友的作、闹，愿意去哄，而且也害怕失去女朋友，因此愿意付出耐心。哪怕知道女朋友提分手只是"狼来了"的游戏，他们也愿意去配合。但是，男人的耐心是有限的，我在前面就说过，男人其实是非常害怕女人的负面情绪的，他们哄了一次又一次，提供了一次又一次的情绪价值，最后他们累了，而且对女人失望了，发现女人是一种幼稚、情绪化的动物，不像他们当初刚认识的时候那般美好，于是他们的爱意就消失了。其实，就算女人不作不闹，男人的热情也会减退，何况女人还不停地闹分手。这只会加速男人热情消退的速度。

所以，有恋爱经验、成熟的人都知道，不停地闹分手，最终必定会分手。感情分分合合，最后多半没有好结局，因为感情经不起这么折腾，人也经不起这么折腾。

那么，我们应该如何处理这个问题呢？当对伴侣不满意时，除了提分手之外，我们还有以下办法来解决问题。

一、直面矛盾，用理智的沟通来解决问题

成熟、理智的人遇到问题时都是直面问题，坐下来就这个问题冷静地进行沟通，而不是有问题就哭闹，用哭闹要挟对方妥协。所以，如果你对男朋友不满，那就直接冷静地表达出来。两个人只有用健康的方式来解决问题，才说明他们是合适的情侣，这段感情才值得继续下去。而以分手要挟对方暂时妥协、服软，紧张关系看似得到了缓和，但实际上内心会留下隔阂，因为"分手"两个字就像夫妻间的"离婚"两个字一样——无论真想离还是不想离，只要说出口了就会伤感情，因此不要动不动就说"分手"。

二、有些问题现在解决不了就留给时间去解决

如果你还没有想好到底要不要分手，那就不要随便说出口，不要急于用分手解决问题或者试探对方；如果你不知道怎么解决问题，那就冷处理，交给时间去解决，给对方和自己一个思考和缓冲的时间。因为有些事情现在没有答案，但随着岁月的流逝，答案就会自动出现。那时候你就知道自己是不是真的想分手，再提分手你就不会后悔，也可能不需要再提分手，你们的问题就已经得到了解决。尽量不用极端的方式去处理感情问题，因为两个人有一段缘分并不容易。这个世界上有那么多人，你们能同行，这本身就值得珍惜，因此即便你们感情出了点问题，也尽量不要那么快就用极端的方式来处理，而应缓一缓，

因为事缓则圆，而圆就能找到更好的解决方案。

三、修炼自己的内在

有安全感、自信、控制欲弱、能够包容对方、性情更圆融的人，是不会用闹"分手"的方式来解决情感问题的。所以我们要修炼自己，让自己变得强大一点，那样你就不会那么容易对恋人不满，即便有不满也不会随便拿"分手"来威胁对方。我知道这并不容易做到，这中间的过程可能很长，但如果你想得到幸福，那这门课就绕不过去。修炼自己的方法是什么呢？简单地说就是去觉察、接纳自己，到原生家庭中去寻找真相，去认识这个世界，然后你的内心就会渐渐变得强大起来，它让你能够淡定地面对人生中的一切。

四、学习更多的经营感情的方法

在让自己的内心变得强大的同时，你还必须去学习经营感情的方法。很多人对亲密关系一无所知就走进了它，然后凭着感觉、本能谈恋爱，就好像两个幼儿园小朋友在"过家家"：今天我不跟你玩了，明天我又后悔了。等醒悟过来不能这么做时，这个人已经成了过去，所以很多人在感情里都有遗憾。等人成熟一点儿了，他们就发现留给自己的有缘人越来越少，所以我们要早一点儿学习如何经营亲密关系。过去的就不用再说了，要从现在做起，通过多种渠道，比如书籍、网络和向他人学习如何经营亲密关系，这对你的人生绝对是有益的，因为亲密关系中的很多东西都可以移植到其他关系中去。

感情是脆弱的，它经不起太多折腾。有人说：感情就是折腾，爱你的人才会折腾你。但是"小折腾怡情，大折腾伤情"，所以我们一定要把握好尺度，不是真的想分手就不要随便提分手。感情需要呵护，我们要用理智、爱和经营亲密关系的知识好好地呵护它，这才是我们真正需要践行的恋爱之道。

06 婚前抉择：
幸福的婚姻，始于婚前的正确选择

关系升级：如何判断男人是否适合与自己结婚

恋爱容易，婚姻不易，且谈且考察。我们要考察男人哪些方面？他们每个方面要达到什么程度或标准，我们才能与之结婚呢？恋爱时我们可以感情至上，但考虑结婚时什么才是最重要的？有些女人在恋爱时觉得男朋友似蜜糖，结婚后却觉得他像砒霜，不就是因为没有选对人吗？那到底什么样的男人才适合我们与之结婚呢？

罗兰·米勒给了我们答案，在她的《亲密关系》一书中，她说适合做伴侣的人应该基本符合以下三项标准：

热情和忠贞：值得信赖、亲切友善、给予支持、善解人意。

吸引力和活力：长相俊美、体型性感、性格外向。

社会地位和资源：经济宽裕、生活安心。

其中，吸引力和活力是动物性价值，热情和忠贞是情绪价值，社会地位和资源则是社会性价值。看来，大部分人对伴侣的要求都不外如是。但是，还是有不少人说："如果有下辈子，那我就一定不会选择他。"所以，他们还是在结婚前考察得不够周全和细致。那么，周全和细致的考察标准是什么呢？

一、是否用行动证明足够爱你

不要用耳朵谈恋爱，而要看对方的行动是否释放出了足够爱你的讯号。

我有一个朋友，虽然和男朋友感情很好，但内心总是缺乏安全感，不确定男朋友结婚后是否还会像现在这样待她好。男朋友看出了她的顾虑，二话不说在房产证上加上了她的名字，还为双方父母买了保险。她一下子如释重负，这还说什么呢？嫁吧。如今他们已经结婚多年，小日子别提多幸福了！

男人是不是真的足够爱你，就看他的行为是不是在为你考虑。选择伴侣，我们要有这样的"小心机"：不要听他说什么，而要看他做什么，尤其是要看他有没有维护好你的利益。

有些男人虽然会经常向你表达爱意，也会时不时送你小礼物，可是遇到房子、车子、双方父母养老这些重要的人生大事，却闪烁其词，选择逃避。那么遇到这种情况，你就要擦亮眼睛了，要能够分辨，哪些是男人的真付出，哪些是假付出，可别被男人的"小恩小惠"迷了双眼。一个男人如果真的爱你，想娶你，他会用实际行动打消你的顾虑，而我们也要敢于说出自己的需求和担忧，如果对方愿意尝试去满足，即使他无法立刻做到，也值得我们考虑。

二、是否有较好的社会地位和经济条件

"贫贱夫妻百事哀"，经济基础决定婚姻质量。如果物质条件太差、基本生活得不到保证，那婚姻就会面临着诸多考验。尤其是当今这个社会，房子、车子、孩子的教育和日常消费及其他生活成本居高不下。我们可以因为爱而想和他共度一生，但无法只凭爱应对生活中的吃喝拉撒，所以智慧的女人知道应该让自己的婚姻拥有坚实的经济基础，一定会考察男人的谋生能力，拥有一定的社会地位和较好的经济条件的男人才是我们未来伴侣的合适人选。

三、双方的三观是否契合

我有一个朋友，她是妥妥的有研究生学历的学霸，但她的男朋友却在一次聚会中说："现在的学历呀，都不靠谱，好多人的学历都是假的，造假毕业证的地方多着呢！你们要想买假毕业证，我可以给你们提供渠道啊，保证物美价廉。"我朋友本来已经把他作为准老公的人选了，可是这次聚会结束后她就二话不说，立马与他分手。

感情可以培养，经济条件可以改善，只有三观不容易改变，所以对于男人这一点一定要好好考察。除了价值观之外，男人的人品、行事风格和情感态度等，我们也要深入了解，如果双

方的三观严重不合，就不能嫁。

以上是三个对男人考察的重要方面，如果把它们细化一下，那就是以下七个具体的现实问题。

一、经济问题

购买车、房的预算是多少？双方各自出资多少？家庭日常消费两人怎么分担？预备多少生娃基金？婚后每个月要存多少？是否做理财投资？婚后谁管钱？对于这些问题，你们最好把它们清晰化并达成一致意见，不能因为两个人现在感情好就留下糊涂账。

另外，对于是否要签订婚前财产协议这个问题要因人而异，婚前财产协议目前还不是大多数人的选择。如果你能接受，也不是不可以签，但是一定不要签那种非常不平等的婚前协议，比如男朋友的经济条件比你的好很多，为了防止一旦离婚就损失太多财产，他让你签一些不太平等的协议，这个时候你一定要考虑清楚。

二、职业规划问题

男人有没有较为清晰的职业目标和规划？如果他浑浑噩噩，没有任何目标和规划，那这样的男人就很难承担起家庭的责任；如果他的事业心比较强，可能就没有那么多时间陪伴你和孩子，那这样的男人你会不会选择与他共度一生？

三、谁主内、谁主外的问题

现代社会不再刻板地要求男主外、女主内，我们可以遵循这样一个规则：赚钱能力强、有主见、擅长沟通和认知水平高的人主外，因为他 / 她能在大事上做出正确决定；擅长做家务、心思细腻和统筹能力强的人主内，因为他 / 她能够理顺日常生活的琐碎事务。有的男人既主不了外，又不愿意主内，什么都想依赖你，这摆明了他想从婚姻中得利，这种男人你可要谨慎选择了。

四、养娃问题

双方打算要几个孩子？准备多少养娃资金？养娃理念是什么？孩子出生后主要由谁照顾？双方父母要不要来帮忙？这些问题也要提前商量好。很多夫妻矛盾、婆媳矛盾都发生在孩子出生后三年，就是因为这些问题他们没有提前协商好。

五、家务问题

家务是你多做还是少做，或者由双方平分，这个问题大致要讲清楚。中国家庭的传统是家务劳动大多由女性来做，但是随着女性的事业的发展和意识的觉醒，很多女性接受不了这样的分工了。如果你希望对方和你共同分担家务，他愿意吗？

六、和对方父母的关系问题

男方父母对你们未来小家庭的态度是怎样的？是尊重你们还是想要干涉你们的生活？男方对此的态度又是怎样的？他是否将父母的地位凌驾于你们的关系之上？一个人一旦结婚了，

夫妻关系就是第一位的，如果他总是把原生家庭看得比你们的小家庭更重要，那这样的男人你就要慎重考虑了。

另外，婚后你们要不要和父母住在一起？有的男人希望一起住，继续享受有父母照顾的便利生活，但是对我们女人来说却是一件不容易的事，因为婆媳矛盾历来是中国家庭中很难解决的问题，假如又不幸碰到一个"妈宝男"，相处就会变得更加复杂。还有如何赡养父母的问题：对方父母是否有养老金？他和兄弟姐妹如何分担父母养老责任？这些问题你都需要了解。

七、底线问题

如果你对婚姻还有其他的要求，尤其是对方不能触及的底线，比如不能说谎、不能藏私房钱，最好丑话说在前头，坦诚说出自己的要求，这样就更有利于两个人未来的幸福，否则可能会为你们的婚姻埋下隐患。

在考察这些问题时，你不需要正襟危坐地去跟他谈，否则就搞得像谈判一样，伤害双方的感情。你可以在跟他的闲聊中做一些探讨，比如在看电影、聊天的时候跟他谈谈对某个问题的想法，这样就自然而然地对对方的想法有了了解。

判断某个男人是否适合与自己结婚，我们应该更加理智一些，因为婚姻是一个现实的问题。所以我们主要考察的是对方的三种价值——动物性价值、社会性价值和情绪价值是否在自己的接受范围之内。如果是，那么他就是比较适合自己的伴侣了。

婚姻篇

守护婚姻的实战训练

07 稳固婚姻：
"套路"越多，婚姻就越持久幸福

好女人是宠出来的，好男人是哄出来的

说到"哄"，好像是男人的专利，谈恋爱的时候有哪个女人不需要男人哄？有几个女人没被男人哄过？没有贾宝玉不厌其烦、一次又一次地哄，林黛玉怎么可能认定他是值得自己托付终身的？毕竟在女人的认知里，被哄就意味着被爱。

但是，哄绝对不只是男人为女人量身定做的情绪价值，女人同样也可以哄男人，只是哄的内容有所不同：男人哄女人更多的是情感安慰，而女人哄男人更多的是价值肯定。哄的时间也不同：男人哄女人更多的是在恋爱时期，目的是追求成功，而女人哄男人更多的是在结婚以后，目的是婚姻幸福。

如果说女人需要哄是因为她们情绪化、爱"作"、没有安全感，那么男人需要哄则是因为什么呢？

蔡澜先生认为，男人无论在哪个年纪都是一样的，都是孩子。哦，原来是因为男人都是"孩子"，既然他们是孩子，那就需要哄和鼓励嘛！但我觉得蔡澜先生只说出了男人需要哄的其中一个原因，而另外一个更重要的原因是：男人是一种极需要被肯定的动物。我在前面就说过，女人的价值来自被爱，男人的价值来自肯定。"得不到肯定，毋宁死"这句话很多时候都是男人内心的潜台词。男人，需要在女人一句句、一次次的哄中得到价值确认。

那具体来说，什么是"哄"呢？我认为，它是人为了关系的和谐而采取的一定的策略，包括暂时放低姿态，去满足对方的需求，让对方快乐。为什么是暂时放低姿态？因为一直放低姿态就太卑微了，人做不到。

那么，女人哄男人都有哪些策略呢？怎么放低姿态呢？

一、给男人面子

作家艾小羊曾经这么分析过亲密关系，她说，有些优秀且强势的女明星，到了老公面前就会变得非常柔软，甚至有点低姿态，她们会夸、捧老公，处处表现出对老公的依赖和需要，尤其是在别人面前。艾小羊还说她们是聪明的女人，因为她们知道，除了超级富豪之外，任何一个男人娶女明星对自己的自尊都是一种挑战。为了维护两个人之间的平衡以及亲密关系的和谐，她们需要充分照顾到老公的自尊——给老公面子。

是的，相较于女人来说，男人更在乎面子，因为他们的价值更多地体现在陌生人对自己的评价上，也体现在自己在社会上的身份和地位上。他们可以接受自己在家中的地位不如老婆，但是无法接受在陌生人面前得不到尊重。很多女明星深谙这一点，所以主动去满足老公的自尊需求。但在家里谁掌握的权力更大、受到的尊重更多呢？当然是女明星了！所以她们在陌生人面前给老公面子，其实是对老公的一种"哄"。女人愿意在外人面前哄老公，他才愿意在家中哄老婆，这样彼此的需求都得到了满足。这是使亲密关系长久的法宝。

女明星尚且如此，更何况普通的女人呢？

我有一个咨询者，她嫁的男人的家境远不如她家的。她老公自卑、敏感，有时都不愿意参加她家的聚会，因此我教她："你得会哄老公。"她立即执行，时不时就在家人和朋友面前夸赞老公不但是学霸，在职场上也非常优秀，年纪轻轻就进入了公司管理层，于是老公的腰杆渐渐直起来了，再也不介意参加她的家庭聚会了。

但是，假如你不懂得照顾老公的面子，结局可能完全与此相反。

我有一个学员，她老公出轨后又回归了家庭，她却不依不饶，时不时就拿出这件事来贬损老公，甚至在家庭聚会上也多次提起这件事情，老公终于忍无可忍，再也不会回心转意了。

老公虽然犯错，但已有悔意，如果你也想继续过日子，就应该接受这个事实，而不是站在道德制高点上，置老公的面子于不顾地去指责他。

无论你比老公优秀还是不如他，都需要照顾他的面子，通过这种方式哄得老公高兴，因为价值感是男人的刚需。

二、夸奖和鼓励

最好的哄永远是夸，最需要的哄永远是鼓励。

没有一个人不喜欢被夸奖，因此你不要吝啬夸奖老公，永远不要做他的"差评师"。夫妻一定是最欣赏对方的人，哪怕世间所有的男人都比他优秀，但因为他是你老公，所以他就应是你最欣赏的人。带着这样的心态，你才能夸得出来，夸得真诚，夸得夸张——没错，夸张一些也无妨，因为哄嘛，何必那么认真呢？只要老公高兴了就行。即便被夸的人知道你夸得很夸张，心里也是暗自高兴的。

再就是鼓励，男人不喜欢诉苦，但不代表不需要鼓励。在男人遇到困境的时候，要用你的鼓励去哄哄他："哎哟，奥特曼遇到了一只小怪兽啊！相信你肯定能打败这只小怪兽的。如果需要我帮忙的话，我不介意和你一起打怪兽哦！"

戴"高帽"、鼓励、肯定、撒娇以及共同面对的姿态，这样做情绪价值太高了！

三、积极心理暗示

积极的心理暗示一定是哄男人的一种非常好的方式，因为积极心理暗示的本质就是告诉别人，你能做到你目前还做不到的事情，如果这不是哄，那是什么？但这不是欺骗，而是有着积极的意义，因为这会把男人变成你或他所期望的理想模样。

所以，在生活中我们要多对老公进行积极心理暗示，尤其是在他处于低谷的时候。其实，夸奖和鼓励中就含有积极心理暗示，比如你说老公是奥特曼不就暗示他像奥特曼那样厉害嘛！关于如何对男人进行积极心理暗示，我们在本书"婚前篇"中的"让男人更爱自己的法宝：心理暗示"那一节已经说了很多了，这里就不赘述了。

四、设置挑战或游戏

给男人设置挑战也是哄他们的一种方式吗？当然是，因为男人的思维是狩猎思维，天生就喜欢挑战；男人又是孩子，天生就喜欢游戏。挑战和游戏可以让他们瞬间兴奋起来。

比如男人的某一项工作没做好，你可以说："老公，这一关有点难哦，不过打游戏的时候你最喜欢挑战难关了，你说挑战难关有意思、刺激，收获更多，所以我觉得这项工作给你带来的兴奋肯定是大于压力的，是吗？"

再比如你想让老公洗碗，就说："老公，这盘棋谁输了，这周的碗谁就包洗了，好吗？"其实你的棋艺是胜过老公的，他洗碗的可能性更大，但通过这种方式，你就能让他高兴地去洗碗了。如果你一本正经地要求他洗碗，他就可能会说："凭什么由我洗？"

所以，哄就是用一种柔软且迂回的方式达到自己的目的，同时能让夫妻关系更和谐。

五、把"对"让给老公

一个综艺节目中，女嘉宾准备安装窗纱，她接连剪了几块，但可惜的是窗纱不是长了就是宽了，尺寸怎么都不合适，因此浪费了好几块窗纱。就在女嘉宾有点儿沮丧的时候，她老公说话了，大意是："这个厂家真的不行，怎么这样设计窗纱呢？"老婆就说："不是厂家的错，是我剪坏了。"老公接着说："不不不，就是它的错，它就应该设计得更好。"然后，老婆在安装窗纱的时候怎么都装不上，老公又说："这个窗户是怎么搞的，为什么被设计成这个样子？"总之，他觉得都是厂家、窗户的错，就不是老婆的错，老婆永远都是对的。一段不太顺利的安装窗纱过程中，老婆被逗笑了好几次。看到这一段节目的网友都纷纷感叹，这位老公太会哄老婆了！

我们为什么就不能这样哄老公呢？把"对"让给老公，一些无伤大雅的失误，我们又何必要指出老公的错误呢？我们就应该睁一只眼闭一只眼，甚至是"昧着良心"说老公就是对的，那又如何？因为在亲密关系中，关系的和谐比对错更重要。

当然，这只是对无伤大雅的小错来说的，对老公的原则性大错误，比如出轨、赌博等，就不能用这样的态度了。

哄具有极高的情绪价值，它需要我们放低姿态，否则那么多好听的话你就可能说不出来。但哄一定不是讨好，更不是毫无底线，而是因为发自真心地爱老公，所以心甘情愿地哄，并且哄得真诚，一点儿都不尴尬，它是夫妻间的一种情趣。

所以有人说：好女人是宠出来的，而好男人则是哄出来的。

维护好自己的权利，婚姻更容易幸福

稳固的婚姻不能以牺牲自己的权利、幸福为代价，否则即便婚姻稳固也没有多大的意义。而且，即便你牺牲了自己的权利，也未必能换来稳固的婚姻，因为真正稳固的婚姻是建立在权利和义务的平衡之上的，所以我们要懂得在婚姻中维护自己的权利。那么，在婚姻中我们应该维护住自己的哪些权利呢？

一、工作的权利

我不太建议女人在婚姻中做全职妈妈，因为一旦离婚了，你就可能会失去所有，比如没有工作能力、失去经济来源。又因为没有经济来源，所以你也很难争取到孩子的抚养权。如果老公不是有钱人，离婚时你也分不到什么财产，这样你不但会失去原本拥有的一切，未来的生活也岌岌可危。即便不会离婚，很多全职妈妈的幸福感也不高，因为在中国，家务劳动的价值通常不被承认，很多全职妈妈的付出得不到足够的尊重，她们普遍活得没有价值感和成就感，甚至连基本的尊严都没有——有一些全职妈妈在老公面前甚至是低三下四的，因为她们的生活全部仰仗老公。所以有人说，全职妈妈是世界上风险最大的职业。

为了规避这个极大的风险，我们女人最好不要做全职妈妈，一定要拥有一份自己的工作。但我知道很多全职妈妈想出去工作却得不到家人的支持。我身边就有这样的全职妈妈，她想出去工作，老公或者家人却说："你出去工作了，谁带孩子呢？"如果她说可以请保姆，他们会说："你赚的那点钱还不够付保姆的工资，而且保姆照顾孩子哪有你照顾得好呢？为了孩子，你也不能出去工作呀！"她一听，觉得有道理，就放弃了出去工作的权利。其实这些话是对全职妈妈们的操控，这些话考虑到了老公、孩子的利益，唯独没有考虑到全职妈妈们的利益，也没有考虑到她们的价值、尊严和未来的风险，一个没有工作的人是很难有底气的，因为她花的每一分钱都要向老公讨要。

反之，即便你赚的钱仅够支付保姆工资，但你积累了工作经验，有自己的社交圈子，生活得很自信，同时降低或者规避了未来的风险，所以即便你赚钱不多也要出去工作。如果条件实在是不允许你出去工作，那就在做全职妈妈的同时做一份副业，当下可以赚点钱，也为将来有一天出去工作积累经验。

总之，女人千万不要为了家庭而轻易放弃自己工作的权利。工作是一个人的基本权利，养活自己是每一个人必备的能力，拥有这种能力更容易得到老公的尊重，而全职妈妈即便是老公或者其他家人要求做的，也有可能被他轻视——这就是人性，一个没有生存能力的你，即便是因为他而失去这种能力的，也可能会被他轻视。

二、做自己的权利

在婚姻中一定要做自己，有以下几个原因：第一，没有自我的人缺少魅力，对老公和孩子都缺乏吸引力，难以让他们更爱自己。第二，没有自我的人，与老公建立起来的是假性亲密关系，很难获得真正的幸福，甚至会导致老公或者自己出轨。第三，没有自我的女人容易过度依赖男人，让他们为自己的幸福负责，失去他们就痛不欲生。

所以，在婚姻中一定不能失去自我，无论你有多爱老公和孩子，多愿意为家庭付出，也别忘了保持自我。那么，怎么在婚姻中保持自我呢？首先，要有主见，自己的事情自己做决定。其次，要学会爱自己，一些女性结婚以后把所有的时间和精力都用在老公和孩子身上，却忘了爱自己。但一个忽视自己的人也很容易被别人忽视，因为忽视自己就如同告诉别人自己不重要。最后，要有自己的框架、原则，想做的事情就尽力去争取，比如争取工作的权利；不想做的事情要敢于拒绝，比如不想承担所有的家务。这样你才能维护自己应有的利益，而不至于成为一个家庭的绝对牺牲者。

三、享福的权利

说到享福的权利，很多人会说这还需要讨论吗？谁还不会享福呢？但其实有一类人还真的不太会享福，她们就是婚姻中任劳任怨的女人。这类女人特别会付出、奉献和牺牲，为家庭付出了自己所有时间、精力、金钱和情感。她们无微不至地照顾着老公、孩子和公婆，做着家里大大小小的事情，是别人眼中的贤妻良母，但她们却不习惯于享福。你让她们坐下来歇会，她们会说："还有那么多家务活没做呢！"你说让男人去做，她们说："他怎么会做呢？他做不好的，最后还得我来收拾，还不如由我来做吧！"她们不给男人付出的机会，渐渐地，男人也就不做了，于是她们彻底没了享福的机会。

这类女人多多少少都有点圣母心，没有把老公完全当作老公，而是潜意识里把他当作儿子。这样的女人很容易"惯"出一个对家庭不负责任甚至出轨的老公，因为她们付出过多，剥夺了老公对家庭的责任感和归属感，于是他们就到其他女人那里寻求责任感和归属感。

所以，付出过多、不懂享福的女人反而可能不容易得到幸福，一个健康的家庭需要彼此付出，这样亲密关系和家庭才能维持平衡。所以，我们要放下自己的圣母心，别那么贤惠、勤劳，要"懒"一点儿，给老公和孩子表现自我的机会，以培养他们对家庭的责任感，也让自己透透气、享享福。学会享福不是自私，而是为了自己和这个家庭更幸福。还是那句话：爱自己的人才能得到别人更多的爱。

四、付出后要让对方知道

在婚姻中，有一些女人总是默默地为家庭付出，做家务、带孩子、忙工作，问题是她们做了很多工作老公却不以为意，因为她们从不向老公邀功，更不会向他们提要求，于是他们认为这一切都是理所当然的——她们理应为家庭付出所有，而他们自己理所当然地坐享其成，不需要回馈什么。

这就是"不会哭的孩子没奶吃"，就像在职场上你做了很多工作却不向老板邀功，甚至老板都不知道，那他怎么会给你加工资呢？

在婚姻中我们当然应该付出，但我们的付出需要被对方看见、重视、感恩和回馈，也需要对方因此更爱我们，否则我们的付出就不够有意义，我们可能就少了继续付出的动力。

那如何让对方知道我们的付出呢？可以通过示弱或撒娇的方式，比如你说："今天做了一整天家务，好累哦！你帮我揉揉肩吧！""每天都是我洗碗，今天就让我放假一天，你来洗碗，好吗？""我已经做了两年家庭主妇了，我不能为了家庭而完全牺牲我的事业，从明年开始你要多分担一些家务，因为我要出去工作了。"偶尔，你也可以在双方的家人和朋友面前说一说，强调一下你的付出。

总之，就是要通过种种方式把自己的付出表达出来，让他知道你的付出，让他看到你的辛苦，给他为你付出的机会。

付出是我们的权利，但得到回馈也是我们的权利，这样做也是为了保持关系的平衡，让付出和回馈在两个人之间流动起来，这样更有利于两个人建立起情感链接。

幸福需要付出，但同时也需要会索取，否则你的心就会干枯，因为得不到爱的灌溉。懂爱的人不会一味地付出，而是懂得维护好自己的权利，引导对方去满足自己的需求，这样的人离幸福更近。

如何拿捏温柔与强悍，为自己的婚姻助力

读过金庸武侠小说的人都知道，李莫愁、梅超风、小龙女和黄蓉的武功都非常高强，男人都非常佩服她们，但如果娶老婆，男人却只会选择小龙女和黄蓉。这是为什么呢？这是因为小龙女和黄蓉不但武功高强、内心强大，同时又十分温柔体贴。黄蓉就不用多说了，古灵精怪、俏皮可爱，将女性的温柔发挥到了极致；而小龙女呢，虽然在别人面前非常冷酷，但到了杨过面前就立刻

变成了娇羞的小女人。这说明了什么？说明既强大又温柔的女人更受男人喜欢，更容易拥有稳固的婚姻。我在前面也说过，有些女明星在工作场合气场全开，但到了老公面前就成了一个"软"妹子，就是因为她们知道在伴侣面前不能太强势，还必须柔软，如果太强势，不够柔软，就可能会导致亲密关系出现问题。

我有一个朋友就是因为这样而离婚的，老公嫌她太强势、不温柔，说每天跟一个硬邦邦、冷冰冰的人相处，一点都感觉不到温暖和温情。后来，她前夫再婚了，找的女人经济条件不如她，但性情温柔，善解人意。

我还有一个朋友，她认识了一个不错的男生，但由于工作忙碌而联系不多，后来忙完工作了才联系男生，对方却说："算了，感觉你太'硬'了。"这个男生所说的"太硬"，不过是我朋友因为工作忙，所以在微信里跟他说话特别简单，语气又不是那么温柔。

但不管怎么说，无论恋爱中还是婚姻中的男人，都不喜欢过于强势但不够温柔的女人。其实这不是男人对女人的特殊要求，因为女人同样不喜欢只强势而不温柔的男人。

但是我们也不能因为在乎温柔而忽略了强势。只温柔不强势的人，在亲密关系中也会被欺负，因为男人也会"看菜下饭"。如果你过于温柔和善，那么你很有可能要做家务、带孩子，还要孝敬公婆、赚钱养家，你的付出越来越多，而他却坐享其成。

所以在婚姻中我们也要强势起来，内核强大、外在温柔，才是最理想的搭配。

因为慕强是人的普遍心理，但渴望温暖同样也是人的核心需求。这可能是因为我们都曾经住在妈妈强大、安全而又温暖的子宫里，所以这两种感觉同时存在才会让我们感到舒服。所以，强势而又温柔的人特别吸引人，雌雄同体的人特别有魅力。

但是，在实际生活中同时兼具强势与温柔的人很少，人们不是太过强势，就是过于柔弱，所以我们需要修炼自己。那如何修炼自己呢？可以通过以下几种途径。

修炼自己强大的一面

一、有主见，认知清晰

有主见绝对是强大的表现，对事情有自己的想法，不轻易受别人影响，敢于做决定并付诸行动，这样的人更容易成功和幸福。反之，遇事总是请别人帮忙拿主意，不但容易给别人带来负担，而且容易被他人左右自己的人生，过上自己并不情愿的生活。比如，我有一个学员，她并不想做家庭主妇，但老公希望她做她就同意了，结果过得不开心，因此有事没事她就找老公的麻烦，弄得他也不开心。

所以，有主见的人更容易给自己和别人带来幸福，修炼自己的强势可以从为自己的事情做主开始。当然这需要你对人、事物有清晰的认识，知道自己想要什么，这样才能为自己的事情拿主意，所以还需要提高自己的认识水平。

二、懂得拒绝，敢提要求，不惧冲突

有的人不敢拒绝对方的要求，因为害怕对方失望，也不敢提要求，哪怕是正常的需求，因为害怕对方不答应。其实这都是内心弱小的表现，而内心强大的人尊重自己的感受，不会委屈自己讨好对方。

无论拒绝对方的要求还是提出自己的要求，当你不敢或者态度不够坚决时，对方就不会放在心上，久而久之他就变得不在乎你。因为人性中不好的一面就是欺软怕硬，哪怕他是你的伴侣。

所以，在婚姻中不想要什么、想要什么，都要大胆地说出来。这首先需要你不害怕冲突，因为不回避冲突并且冲突得到解决之后所建立起来的关系才是真实、更加牢固的关系。比如夫妻之间吵架，吵完感情还在那儿才是真感情。总是回避冲突，你们之间建立的关系可能是假性亲密关系。

所以敢拒绝、提要求、发脾气、不害怕冲突，并且能够解决冲突，绝对是强势的表现。

我有一个朋友，她和老公一起办公司。有一次他们公司和甲方谈判，双方发生了争执，甲方推搡了她老公，她上去就给了甲方一个耳光，所有人都愣住了，甲方更是吓傻了，最后做了让步，合同被签了下来。因为这件事老公对她刮目相看，感觉她能力很强，就把公司更多的工作交给她处理。

我有一个亲戚，她这一辈子很少跟人发生冲突，但遇到不讲道理的人，她就立刻像变成了另一个人似的，直接"开战"，所以她的老公和孩子对她都特别服气。

所以，该拒绝时就拒绝，该提要求时就提要求，该发脾气时就发脾气，把自己的感受放在第一位，这会让你得到更多的尊重。

三、能强能弱，充满弹性

真正强大的人格是有弹性的——该强的时候就强，该弱的时候就弱。那怎么把握好这个尺度呢？这要看具体的人、事和环境，一般是这样的，遇强则强，遇弱则弱；或以柔克刚，以刚制柔。

先说"遇强则强，遇弱则弱"。强势的人不惧强者，遇到强势的人敢于据理力争，维护自己的利益。但是他们又不会仗着自己的强大而欺负弱者，所以遇到比他们弱小的人，他们也会变得很温和。

但是强势的人也知道，遇到强势的人不能只采取"硬碰硬"这一种方式，万一对方是一个死活都不妥协的人，那就有可能发生激烈的冲突，问题得不到解决，还破坏了长期的关系，不利于自己的利益。比如与别人谈判、和伴侣相处的时候，如果你知道对方特别强势、丝毫不肯退让，但你以后还要与之合作或相处，这个时候就不能采取"遇强则强"的方式，而应采取"以柔克刚"的方式。在一部古装电视剧中，刚开始女主特别强势，男主大多是妥协退让，表现出温柔的一面，这让他们的关系一度变得和谐。但时间长了，性格强势、冷酷的女主被男主软化了，开始变得温柔，这时候男主渐渐强势起来，他们的关系又达到了另一种和谐。这个过程非常有意思，让我们看到了在亲密关系中谁强谁弱并不重要，重要的是要让双方的关系达到和谐。所以遇强不一定非要强，也可以柔、弱，达到"以柔克刚"的目的，这也是一种强势的表现。

除了"以柔克刚"之外，强势的人还可以"以刚制柔"，比如老公或孩子性格比较软弱，那么这时候我们就要表现出自己的强势，为他们做一个榜样，激励他们变得强势。

所以强和柔可以随着人、事、环境的变化而变化，能审时度势、灵活变化的人才是真的强势，而一根筋、只知道强势或退让的人并不是真的强势。

一般来说，我们在面对外人的时候可以强势一些，因为这时候重要的是捍卫自己的利益。而面对家人的时候可以温柔一些，因为这时候最重要的是维护彼此的关系。比如前面提到的那部古装剧里的男主，他在面对老婆的时候非常擅长妥协、退让，但在面对政敌的时候就非常强势，所以民间流传一句话："好男人，怕老婆。"其实并不是好男人怕老婆，而是他们把彼此之间的关系放在了第一位。我们也看到，现实生活中有些男人在外面是个软蛋，回到家后就对老婆和孩子颐指气使，甚至非打则骂，这正是他们软弱的表现。

修炼自己温柔的一面

一、学会示弱

经过前面的剖析，示弱的好处就不用多说了，但是在现实生活中有些女人却不太会示弱，表现为不会说软话，不懂妥协、退让，总是显得自己很能干。有些女人，话说出去总是硬邦邦的，就算她们心里是软的，但说出来的话却是硬的。这可能和她们的成长环境有关，她们父母的性格应该也不是那么温柔。我们可以试着去觉察和改变，比如改变说话的口气，要多加语气词；多结交温柔的朋友，看一些相关的艺术作品等，比如我前面提到的古装剧，如果不是看到这部电视剧，我都不知道示弱、温柔的力量竟然这么强大。

女人不要总是显得自己很能干。我有一个表姐，她家里大小事都是由她自己操心的——大到买房装修，小到买菜做饭，她每天都忙得团团转，得了一个"贤惠能干"的美名，但其中的辛苦只有她才知道，其实只要她张张嘴说"老公，我好累啊！快来帮帮我"，"老公，这个我搞不定，你来吧，你肯定行"，老公就会来帮忙。这样老公对家庭就更有责任感，夫妻关系也更融洽，她也不用那么辛苦，所以学会在伴侣面前示弱是非常有必要的。

二、懂得撒娇

比示弱更进一步的是撒娇，有部电影名为《撒娇女人最好命》，虽然女主始终没学会撒娇，但是她知道懂得适度撒娇的女人更受男人喜欢。因为撒娇和示弱一样能激起男人的保护欲，让他们更加怜惜自己。把男人置于保护者的地位，更符合他们的自我定位，会让他们产生成就感，因此我们要学会在伴侣面前撒娇。

三、幽默有情趣

幽默有情趣的女人，会让别人觉得她可爱、有趣，和她在一起更有意思，这也是温柔的一种表现，而强势、冷酷的人是很难做到幽默有情趣的。我有一个同学，她和老公是大学同学，他们结婚多年，孩子也很大了，但他们还保留着谈恋爱时的习惯——留小纸条。有时我同学出门时她老公还没起床，这时她就会给老公写便利贴："亲爱的×××同学，饭菜在锅里，起床后别忘了吃哦！"其实她给老公发条微信信息就可以了，但是她觉得那样不浪漫。而且，她对老公的称呼还保留着谈恋爱时的昵称。这样的小情趣就是他们感情保鲜的方法之一。想象一下，如果我同学的做法换成是发一条微信信息："睡睡睡，就知道睡！饭在锅里，爱吃不吃！"那么他们的婚姻生活会如何呢？

肯定不会那么幸福。

所以温柔绝对是漫长的婚姻生活的解药，懂得示弱、撒娇，偶尔再来点小幽默、小情趣，你还会发愁夫妻关系不和谐吗？

强势与温柔是我们经营亲密关系的两大武器，可以让我们在亲密关系中游刃有余，也可以让我们的人格更完善、生命更完整，所以修炼自己的强势与温柔，并不只是取悦老公，而是为了让我们自己更幸福。

如何与婆婆相处才更有利于婚姻稳固

择偶时，很多女人会提出一个很重要的条件就是不和公婆住在一起。这是因为她们自私吗？并不是，而是因为她们被婆媳矛盾吓怕了——因为婆媳矛盾是中国家庭的千古难题，轻则影响儿子和儿媳妇关系的和谐，重则导致他们离婚，甚至还有人因此而失去生命。所以，很多人一谈到婆媳矛盾就色变，也就不能怪那些女人不愿意和婆婆住在一起了。

但是，即便不和婆婆住在一起，不少女人也会和婆婆产生矛盾，因为她们不可能不和婆婆打交道。所以如何与婆婆相处是婚姻中的女人必须学习的功课。但在学习功课之前，我们首先要知道婆婆和儿媳妇为什么会产生这么大的矛盾。明明共同爱着同一个男人，她们为什么要如此对立呢？

一、婆婆恐惧失去儿子

有人说健康的母爱是一场得体的退出，可惜上一辈的许多妈妈做不到这一点。儿子很大了，甚至都已经结婚成家了，她们也无法从儿子的生命和生活中退出。为什么会这样呢？

其中一个原因是公婆年轻的时候他们夫妻关系不好。我们要知道，在婆婆那个时代，男人结婚以后会把孝敬父母和赚钱养家放在首位，常常忽视老婆。女人得不到丈夫的关爱，只好把注意力转向儿子，拼命为儿子付出。这表面上看是爱儿子，其实是道德绑架儿子爱自己，或者通过操控儿子的人生以弥补自己内心的空虚，然后形成了扭曲的母子关系——母子之间过于亲密、关注和在乎，尤其是妈妈对儿子。在这样的心态下，妈妈很容易把儿子当作只属于自己的私有财产。

但是现在儿媳妇来了，儿子竟然对儿媳妇这么好，竟然关注儿媳妇多过关注她！他们竟然那么幸福！因此有些妈妈受不了了，她觉得儿子要被儿媳妇抢走了，自己快要失去儿子了，这时候她就会对儿媳妇产生敌意，处处看她不顺眼，挑她的毛病，因此婆媳矛盾就产生了。

二、婆婆要彰显自己的权力

电视剧或者生活中经常出现这样的情景，儿媳妇睡到中午11点还没起床，婆婆对此愤愤不平，就向儿子告状："你媳妇怎么这么懒？太阳晒屁股了还没起床。"如果是她的女儿睡到中午 11 点，她多半不会这么说。为什么这样的婆婆对儿媳妇和女儿睡懒觉的态度差别这么大呢？这样的婆婆年轻时可能也曾被苛责过，那种被苛责的压抑感在她心里留下了深深的印记。如今看到儿媳妇能舒舒服服地睡懒觉，她潜意识里未被疗愈的创伤被激活，内心泛起了一丝不平衡。于是她开始试图通过"管教"儿媳妇来宣示自己在家庭中的权威地位，用以缓解她的内心焦虑。

这对儿媳妇是不公平的——婆婆当年的委屈不是儿媳妇造成的，现在她却让儿媳妇来承担，儿媳妇肯定不愿意，那就要反抗，于是婆媳矛盾就产生了。

三、两个陌生人无法和谐相处

这个原因非常好理解，婆婆和儿媳妇本是两个毫无关系的陌生人，没有经过磨合却要相处，自然就会产生矛盾。我们就是和自己的亲生父母相处，也会发生摩擦，何况儿媳妇和婆婆呢？但是大部分父母会包容、原谅我们，而有的婆婆就不大会包容、原谅儿媳妇。这就需要我们和婆婆保持一点距离，同时对她多些包容，不要把她的言行放在心上，毕竟她是长辈，而且也不大可能有太大的改变，所以只能包容。

当然，只是保持距离和包容是不够的，还需要我们在以下几方面做出努力。

一、多说老公和婆婆的好话

在婆婆面前多夸老公，绝对能拉近你和她之间的距离，因为老公是婆婆养育出来的，夸老公就等于夸婆婆，这样会让她很有成就感，同时也会对你亲近几分。如果能同时夸老公和婆婆，效果就会更好，比如你说："谢谢你，妈妈，你怎么教育出这么好的儿子！我真是有福气才遇到这么好的老公和婆婆。"但如果你在婆婆面前说老公不好，效果肯定与此相反。

同时，也要在老公面前多夸婆婆，提醒他多孝敬父母，多关注他们的感受。其道理与夸婆婆是一样的，妈妈被夸、被关心，儿子肯定高兴，而且老公会把你夸婆婆的话学给她听。在背后夸人效果更好，因为不刻意，更真实，更容易让婆婆相信。

如此一来，婆婆就对你少了些敌意，因为她发现你和她儿子结婚后，她和她儿子的关系并没有疏远，而是更近了。

二、引导老公协调婆媳关系

有时婆媳之间发生大战是因为老公不作为，妈妈和老婆一发生矛盾他就躲开，这是一种不负责任和懦弱的表现，只会让婆媳矛盾愈演愈烈。所以，你一定要让老公在关键的时候站出来协调婆媳矛盾。比如婆婆看不惯你星期天睡到中午 11 点，你可以让老公去跟她沟通："妈，我妹妹每次回娘家睡到中午 11 点，你都舍不得叫她起来，为什么儿媳妇这样你就不允许了呢？都是妈妈养的宝贝女儿，如果她妈妈知道她女儿周末连一个懒觉都不能睡，那该有多心疼啊！"

这话由老公说出来，婆婆就很受用。如果由你说出来，婆婆多半会认为你是在责难她，万一口气又不好，就很容易发生矛盾，所以此类事情多让老公去处理。

这里面很重要的一点是，我们要引导老公负起责任来，因为男人不擅长处理女人的情绪，尤其是两个女人的情绪，有时候为了逃避麻烦他就躲开，有些男人甚至会因此出轨，所以我们要引导老公负起责任，想让家庭幸福，他就不能什么都不做。

三、不要在老公面前说婆婆坏话

这就好比不要在一个母亲面前说她的孩子不好一样，她自己可以说，但别人不能说，因为孩子是被她教育出来的，批评她的孩子就等于批评她。同理，说婆婆不好，老公就会非常抗拒，因为母亲几乎是所有人心中最重要的人，维护自己的母亲是人的本能，哪怕他也知道自己的母亲不好，也接受不了别人的指责。有一些夫妻离婚，就是因为老婆攻击婆婆。我有一个表哥，他老婆和自己的母亲吵架，气得母亲住院，最终去世了。办完丧事，表哥立刻就和老婆离了婚。所以，不要攻击自己的婆婆，尤其是不要在老公面前数落她——这是男人的底线，千万不要去挑战这个底线。

也永远不要问老公"在你心目中我和你母亲谁重要？我和你母亲同时掉水里你先救谁？"这样的傻问题。老公没办法回答，万一他说出真话"母亲更重要"，你不是更伤心吗？虽然在一个家庭里夫妻关系是第一位的，但很多男人还没有这样的意识，所以我们要慢慢引导、渗透，而不是强迫老公更重视自己。

四、给婆婆送礼物

从前面三点来看，我们在婆媳关系中好像还挺被动的，可不可以主动做点什么来改善婆媳关系呢？其实有一个方法特别好用——送礼物。同为女人，所以我们更了解女人的喜好，大部分女人都喜欢收到礼物，换季的时候给婆婆买件衣服，逢年过节买些补品送给她，她生日的时候买一件首饰送给她，她生病了多去看看，这些主动示好一定会赢得她的好感的。虽然婆婆对儿媳有敌意，但人心都是肉长的，你对她好，她不可能没感觉——这就是人性，它是复杂的，你的善意可以化解她的敌意，所以我们要尝试主动向婆婆表达善意，这不只是为了婆婆，更是为了自己的婚姻幸福。

虽然婆媳关系是千古难题，但是随着时代的发展和现代女性经济地位的提高，儿媳妇在家中的地位其实也在提高，有了一定的话语权，因此婆媳矛盾发生的概率和程度都在降低，但我们仍然需要学习更多的婆媳相处技巧，这样才能防患于未然，让自己的婚姻更稳固。

08 婚姻危机：
识别婚姻危机，"硬核"挽回老公

婚姻中的隐藏危机：假性亲密

我观察我表姐的婚姻，发现一个有意思的现象，她和老公的言语交流仅限于这几句话："孩子吃饭了吗？""孩子作业做完了吗？""孩子最近学习怎么样？"或者是："家里还有米吗？""星期天要不要带孩子去公园玩？"除此之外，他们几乎没有其他任何交流，比如对彼此的关心，更别提偶尔过一过浪漫的二人时光了。

他们的状态其实就是婚姻里的"假性亲密"。

所谓"假性亲密"，顾名思义，就是它不是真的亲密，而是在扮演一种亲密状态。丈夫或妻子扮演好社会对"丈夫"或"妻子"这一角色的认知，比如照顾好孩子，完成"丈夫"或"妻子"标签的要求，但他们都没有做自己，也看不见彼此，更没有深刻的情感上的链接，更多是形式上的丈夫和妻子。他们可能在一起十年、二十年了，但灵魂从未相遇过，甚至都不了解真正的对方是什么样的。

假性亲密有什么后果呢？

其一，夫妻双方的幸福感肯定是不够高的，但是只要对方不出轨，这种日子很多人也能过下去。如果你仔细观察就会发现，在现实生活中这样的夫妻其实不少，尤其是老一辈的夫妻。由于现代人对婚姻的质量要求高了，所以对"假性亲密"的容忍度会低一些。

其二，它有可能会造成出轨。夫妻之间缺乏真正的亲密和感情，双方就有可能到外面去寻找亲密和感情。有些人在发现老公出轨后会说："他是一个好老公哦！想不到他竟然会出轨！"有些咨询者也跟我说："我老公非常好，特别顾家，对孩子也好，不明白他为什么会出轨。"其实这种事情很好理解，他只是形式上的好老公，并不是一个爱老婆的好老公；或者说他只是一个好父亲，并不是一个好老公。

很多夫妻婚姻中的问题是从什么时候开始出现的呢？就是从"假性亲密"开始的。一些老公出轨到底有没有征兆呢？当然有，那就是假性亲密，但可悲的是很多夫妻并不认为假性亲密是一种负面现象，反而把它当作正常现象："大部分夫妻不都这么过的嘛！"

正是这种麻木和无知，导致他们的婚姻出现了缺口，然后让第三者乘虚而入。

那么，怎样才能改变这种假性亲密状态，让夫妻间实现真正的亲密呢？

一、不做标签化的丈夫或妻子，而做活生生的人

假性亲密的罪魁祸首就是夫妻双方热衷于扮演那个标签化的丈夫或妻子，社会认为一个合格的丈夫或妻子的统一标准是什么，自己就按照那个标准来执行，比如社会认为一个好妻子应该照顾好老公和孩子的吃喝拉撒，即要做所谓的"贤妻良母"，那么自己就做一个贤妻良母，至于自己的个性、价值实现和需求都无所谓，都可以让步于这个标准。久而久之，真实的自我便失去了，于是假性亲密就形成了。

但也许你根本就不喜欢做一个传统的贤妻良母，而想做一个新时代的女性、新型的妻子和母亲。只有你做你想做的人，老公也做他想做的人，并且把你们真实的自我表露出来，才有可能实现真正的亲密。

二、学会在关系里表达自我，忠于自己的感受

为什么很多夫妻陷入假性亲密之中？就是因为他们在婚姻里从不轻易表达自我，自己的需求、感受都被隐藏了起来。有些人结婚时缺乏情感基础，有些人从小到大受到的教育导致他/她有情感表达障碍，有些人认为在婚姻里表达自我不重要，只

要对方不吃喝嫖赌、不出轨就是好老公或好妻子，日子就能过下去，这些都会导致他们将情感需求隐藏起来，其后果却是对方无法看见和感受到真实的自己，从而无法与真实的自己建立起情感链接，只能与一个肤浅、虚假的伴侣相处。

所以我们要学会在亲密关系里表达自我，自己想要什么、不想要什么、开心或者不开心，都要表达出来让对方知道。比如说你和老公睡在一张床上，你明明感觉地方狭窄，胳膊、腿伸不开，很不舒服，却不和对方说，也不敢大胆地伸出胳膊、腿去触碰老公，就这么忍着。这个时候你们没办法建立起真正的情感链接，因为对方不知道你的真实感受，也就无法做出反应，照顾到你的感受。

但是如果你此时能做出以下反应，告诉老公："你过去一点儿，我太挤了！"或者把胳膊和腿往他那一边伸一伸，伸到你满意的位置。哪怕你在做这些举动的时候和老公产生了碰撞——你老公不让你伸得太多，因为他也不舒服了，那也没关系，因为你们通过碰撞知道了彼此可以让步多少、怎样才能让彼此舒服、怎样关心对方……这个过程就是建立起真正的亲密关系的过程。

所以，真正的亲密一定是建立在不回避冲突、表达真实的自我、忠于自己的感受的基础之上的。只有当我们忠于自己的感受时，才可能关注伴侣的感受；当感受在两个人之间自由地流淌时，真正的情感和亲密就会逐渐建立起来。

三、有问题就直接解决，不回避矛盾与冲突

在婚姻里还有一种奇怪的现象，有些老婆对老公不满，采取的办法不是找老公处理，而是找闺密诉说；有些老公对老婆不满，也不找老婆处理，而是找哥们儿喝酒。

有问题不在亲密关系里面解决，而是在亲密关系外解决，这样怎么能建立起真正的亲密呢？因为真正的亲密就是在暴露自我、解决矛盾与冲突的过程中建立起来的，而现在你们跳过了这个过程，也就失去了建立真正的亲密关系的机会。所以，有些人结婚以后和闺密越来越亲密，或者和哥们儿越来越亲密，唯独没有和伴侣越来越亲密。

这种解决问题的方式是不正常的，和谁产生问题就应直接找谁解决，不回避矛盾与冲突，不害怕对方的情绪，有问题就直接和对方说，这样才能真正地解决问题。而找闺密诉说、找哥们儿喝酒，只能宣泄情绪，但没有解决问题。久而久之，不但亲密关系没有建立起来，婚姻中的问题也搁置起来了。

四、关心对方，不把对方当作工具人

老婆的存在就是为了照顾老公和孩子的吃喝拉撒，老公的存在就是为了赚钱供养老婆和孩子——你会发现在一些家庭里，老公和老婆就是这样的工具人一般的存在。他们好像是没有感情的机器人，既不关心自己，也不被对方关心，彼此没有情感

的交流，很少问一问对方："你今天开心吗？""最近工作顺利吗？""现在这份工作能发挥你的特长吗？""今天和闺密聚会感觉怎么样？"这种充满温情的话几乎从来没有过。如此这般，夫妻间怎么可能亲密？

人都是有感情的动物，每个人都渴望得到别人的关心，尤其是自己最亲近的伴侣。不管是什么让我们不再习惯于关心对方，都要从现在开始，把丢失的关心和爱意拾起来。在日常生活中，时不时给对方送上一句关心的话语，表达一句"我爱你"，或偶尔撒个娇，制造一点浪漫，让两个人之间的互动不再那么干巴巴，这才是真正的夫妻。

亲密关系里没有亲密的感觉，这本身就是一件可笑的事情。与其抱怨婚姻不够幸福或老公出轨，不如去反思、行动，为自己的婚姻注入更多亲密的感觉。这足以提高你们的幸福指数，并让老公的出轨行为消失。

坚决对婚姻中的五种行为说"NO!"

在婚恋中，我们要上有框架、下有底线。设立框架是为了过上自己想要的幸福生活，而坚守底线则是为了远离不幸的生活。在谈恋爱初期就应该设立框架，把那些不适合自己结婚的人尤其是渣男淘汰掉。但是有些人谈恋爱时并没有框架意识，也不清楚什么样的男人是不适合与自己结婚的，就糊里糊涂地把他请进了自己的人生，然后婚姻就出现了各种各样的问题，给自己带来了不同程度的伤害。我们该如何应对这些问题，以减少或者停止它们对自己的伤害呢？

有一项判断标准，如果男人身上出现了五种行为，我们就应该坚决地喊"No!"甚至是"Shop！"——这五种行为分别是恋母情结、侥幸心理、瘾癖、家暴和出轨。它们对婚姻的伤害，远不是情商低、赚钱少和爱抽烟喝酒这些不足所能比的，而是毁灭性的，甚至会夺去我们的生命！所以，它们应该是我们在婚姻里的底线，男人碰到这几条底线就是不行。如果他们不改，我们就要跑！

一、恋母情结

恋母情结也称"妈宝男"情结，所谓"妈宝男"就是在老公的心里母亲比妻子重要，她的话比妻子的话管用，她和他的关系比妻子和他的关系重要，她有权干涉夫妻俩的生活。妈宝男经常挂在嘴边的话就是："我妈说……"他们唯妈是从。

做妈宝男的老婆是非常憋屈且受伤的，因为自己总是被老公排在第二位，自己的感受得不到尊重，甚至自己经常被老公和婆婆联起手来欺负——当发生冲突时，老公总是选择和婆婆站在一边。这就对婚姻造成了很大的破坏，因为对你们的小家庭来说，夫妻关系才是第一位的。

妈宝男是怎么形成的？一是父母溺爱，二是母亲比较强势，三是信任的问题——男人更信任母亲对他的爱和忠诚，这种信任是天然的，但是妻子对他是否足够爱和忠诚，他却常常持怀疑的态度。

所以，如果你的老公是妈宝男，你的婆婆就会成为你们之间的隐形第三者，而且他们还不认为这样是有问题的。

如果碰到这种情况我们应该怎么处理呢？首先要看他作为妈宝男的程度，如果不太严重，那我们可以和他沟通，引导他正确处理自己与母亲的关系，选择把你和他的关系放在你们的小家庭中的第一位；如果妈宝男已经"病入膏肓"，那就要看你是否还想继续这段婚姻，你可以选择不在乎，也可以选择离开。

二、侥幸心理

很多男人的暧昧和出轨都是建立在侥幸心理之上的：说不定我老婆不会发现，即使她发现了也会原谅我。只要存在这种心理，他就具备了赌徒心态，敢于冒险去做一些不该做的事情。

具备侥幸心理的人并不是那么容易被识别的，因为他们在很多方面可能都很正常，唯独在某一方面不靠谱，比如抵挡不了异性的诱惑、喜欢买彩票或者高风险投资，而且被发现了还屡教不改。

我曾经有一个学员，她老公特别爱和异性搞暧昧，被她狠狠惩罚过。为了表明决心，他既写保证书又发毒誓，结果他老婆换了一个微信账号跟他聊了几句，他就马上约对方见面。

遇到这种情况最好是"早发现、早治疗"，把丑话说在前头，或者把"财政大权"掌握在自己手里。如果他实在是屡教不改，放弃他也无妨。

三、瘾癖

瘾癖就是沉迷于一些简单的活动，放纵自己在这些活动中得到愉悦感、刺激感和虚假的成就感，以此逃避复杂的社会环境和竞争，比如沉迷游戏、赌博、毒品和性等。一个人如果有成瘾行为，说明其内在人格比较弱，在童年时期缺乏健康的亲子关系，感觉到外部世界不可控，所以选择进行自己能够控制的简单活动。

这样的人的社会竞争能力比较差，遇到问题就逃避，就像一个小孩子受到惊吓的时候只会躲到母亲的怀里一样。他们容易吸引一些圣母心泛滥的女人。但是你会发现，无论你付出多少，也很难拯救他。

我们的一个督导老师曾经遇到过这样一个案例：一个女孩子嫁给了一个条件还不错的男人，但婚后不久老公就迷上了赌博，她不离不弃并帮他戒赌，但是他反反复复地赌博，无法根除这个瘾癖，最后家里月月入不敷出，她才痛下决心离了婚。

成瘾行为很难根治，就算他戒掉了赌博，也可能沉迷于游戏等，因为他无法改变自己的人格模式。沾染上这样的人，就像掉进了一个黑洞一样，所以我们要及早脱身，不去承担不需要我们承担的责任。

四、家暴

家暴行为的产生跟家庭环境有很大的关系，实施家暴的人多半是有一个家暴的父亲或母亲，使他们认同了家暴是解决问题的正确方式。或者他们理智上虽然不认同，但是不会使用其他的沟通方式，不懂得控制自己的情绪，家人只不过是他们负面情绪的宣泄对象而已。这样的人一般在外面没有暴力行为，对老婆和孩子才有，因为老婆和孩子相对于他来说是弱者，并且会原谅他。

确实是这样的，有的女人说："我老公平常对我挺好的，就打了我这一次，就原谅他吧！"但通常这样的女人很快就会被啪啪地"打脸"，因为根据大家的经验，家暴行为只有零次和无数次，不会只有一次。如果你轻易原谅了他，那他通常不会反省，反而觉得这样做的代价很低，因此更容易再次家暴。有些女人长期被老公家暴，就是因为她们太善良、软弱和单纯。我有一个朋友，她被老公多次家暴后选择了离婚。后来老公求复合，说一定会改，她就心软了，觉得孩子需要一个完整的家庭，于是复婚了，结果又被打。

所以，对于家暴行为我们一定要零容忍，不但要在结婚之前立框架，更要在第一次被家暴时果断离开。如果无法第一时间离开，也一定要报警或者告诉家人、朋友以保护自己。因为家暴对女人的伤害最直接，后果最严重，有些女人甚至因此失去了性命。

有些男人呢，他不对老婆实施暴力，但对自己实施暴力，也就是自残。这样的男人比家暴的男人更可怕，因为一个人如果连自己都敢伤害，那他一定不会在乎伤害别人，只是他现在害怕失去你，所以才暂时没有家暴你。另外，一个不爱自己的人根本就没有能力爱别人，所以遇到自残的男人我们就要跑得更快。

五、出轨

出轨分两种：一种是习惯性出轨，另一种是侥幸出轨。习惯性出轨是受成长环境影响，比如父母或亲近的人对婚姻不忠，或者过早接触到性，使他对两性关系充满好奇心。就我接触过的案例中，80% 以上的出轨男人都能在他的生命早期找到原型。至于侥幸出轨，前面我已说过，这里再补充一点：他们容易被习惯性出轨的人影响，最终变成习惯性出轨，所以对侥幸出轨我们可以"留底察看"，但同时也要做好最坏的打算。对习惯性出轨的男人，我们就不要再留恋了，赶快扔掉，因为他们得的是"情感绝症"。

以上这五种行为是婚姻里的"蛀虫"，如果你容忍它们长期存在于你的婚姻里，它们就会像蚂蚁一样，一点一点地啃噬掉你的幸福和你们的婚姻。所以，遇到男人以上这五种行为，一定要坚决表示拒绝，并且尽量去解决。如果男人改变不了，我们一定要及时离开，因为及时止损是女人非常重要的智慧之一。

出轨的本质，是你们的合作出现了问题

人生最可怕的不是各种各样的问题，而是我们不清楚问题产生的原因以及解决方法。比如老公出轨，我们最需要的是弄清楚他出轨的原因，否则就算费了九牛二虎之力也无法让他很好地回归家庭。

老公出轨的原因到底是什么呢？是第三者太有魅力、老公太混蛋吗？这些固然是部分原因，却不是根本原因。你的婚姻如果能被第三者攻破，不一定是因为第三者很强，很可能是因为你们的婚姻已经千疮百孔，所以才给了第三者可乘之机，比如长期吵架、冷暴力、忽视对方、性生活不和谐和经济困境等，导致双方或者其中一方对婚姻的体验很糟糕。

在婚姻中，用自己能够提供的价值去满足对方的需求，包括动物性价值、社会性价值和情绪价值是婚姻存续的重要基础。结婚之初，你们衡量过你有什么、我有什么，各自能为婚姻投入多少；或者我没有的你有、你没有的我有，是否能满足彼此的需求，基本达到平衡后你们才会结婚。这是一场多维度的深度合作，并且要保持合作愉快，这非常像和别人合作开公司。

如果这种平衡被打破了，比如老公投入太少，不拿钱回家，还经常不陪你和孩子，那么你就会觉得自己吃亏了；或者你不能满足老公的需求，比如老公需要性满足而你却是性冷淡；或

者双方的合作态度和方式有问题，比如你们都不懂沟通，遇到问题时不是吵架就是冷暴力，双方都很不愉快。这就导致你们的合作体验很糟糕，于是就萌发了不想再和对方合作的念头，或者有了这样的潜意识。这时，一个偶然的机会，你老公认识了另外一个女人，相处之后，他发现这个女人比你漂亮 / 温柔 / 会聊天 / 赚钱多 / 性能力更好，那么他就很有可能出轨。那么第三者是他出轨的根本原因吗？不是，它只是一个外因，真正的原因是你和你老公的婚姻合作出现了问题。

具体来说，都出现了哪些问题呢？

一、对你某方面极度失望，于是用出轨来达到内心平衡

男人出轨多半是因为他对你某方面不满意，甚至是极度不满意。

我有一个咨询者，她自己开公司，家里也有生意。她工作能力很强，性格也比较强势，对老公说话时总是用命令的语气，导致老公在家里没地位、权利和尊严，但是她赚钱多，老公的生意又依赖于她，所以他不敢公然反抗她，但心里又憋屈，于是就悄悄地出轨了。

婚姻就是合作，这场合作虽然不愉快，但是有收益，因此就算其中一方不喜欢自己的"合伙人"，也不会想要离婚，但是会出轨，想通过出轨来对对方进行被动攻击，以此达到内心的平衡。

再加上与这种情况类似的其他事，比如老婆长期唠叨、挑剔和指责老公，他不堪忍受，于是就出轨了。

这都是老婆没有满足老公的情绪价值，但因为还能提供其他方面的价值，比如经济价值、家务劳动等，致使他们暂时还不想离婚，但必须折腾一下来表达内心的不满，出轨就是他们折腾的方式。

二、你提供的价值越来越小，而他提供的价值却越来越大

一家公司的两个合伙人，刚开始时两人出资差不多，但随着公司的发展，其中一方对公司的贡献越来越大，而另一方几乎是躺赢，那贡献大的一方肯定不满意；或者贡献大的那一方掌握的资源越来越多，权力也越来越大，因此越来越强势，于是他就想胡作非为了。

生活中有很多这样的例子。老公的事业发展得越来越好，赚钱越来越多，于是老婆就不工作了，这时候老公就有可能出轨。其本质就是她提供的价值越来越小，没有什么不可替代性，因此他根本就不怕失去她，也就不需要尊重她的感受。因为他知道她的生活依赖于他，即便知道他出轨，她也不敢提出离婚。

三、缺少博弈手段，纵容了对方的贪婪

不过也有人会说："我赚钱比老公赚得多，家务也干得比他多，也没有给他脸色看，可他还是出轨了，这是为什么呢？"这是因为人性的贪婪——他想要的更多，比如更多的性、情绪价

值，同时他摸清楚了你的底线，发现你的框架软，容易原谅他，所以他就敢践踏你的尊严，说白了就是你的气场不够强大，制约不了他。

亲密关系是需要博弈的，通过博弈达到平衡。如果你没有任何博弈的手段，比如设立框架、掌握一定的经济权力等，对方就会占据上风，从而导致了他的贪婪。

四、男人遭遇中年危机，于是就用出轨来释放压力

中年危机也是导致男人出轨的重要原因之一。什么是中年危机？就是一个男人到了中年突然发现人生陷入了困境，职位不再晋升了，事业也没有更大的发展，与年轻人比起来无法创造更多的价值，但这时自己又上有老、下有小，还有很多责任要负；同时自己的婚姻也陷入了一种"食之无味，弃之可惜"的境地；而且还发现这么多年来，好像一直在按照外界的标准活着，从来没有为自己活过。这样他们一下子就陷入了一种虚无感，对过去感到怀疑，感觉努力了这么多年好像没有意义；对未来感到迷茫，不知道明天的方向和目标在哪里；又不知道向谁诉说这种感觉，于是整个人就陷入了一种既压抑又混乱的状态，这种状态需要得到释放，于是很多男人就会出去瞎混，比如卖房子、投资和赌钱等，其中也有可能出轨。

他们未必是有心出轨，也不一定是对老婆有多么不满，更未必是有多爱那个出轨对象，更多的只是对自己的生活状态不

满，而出轨只是他们释放这种不满的一种方式而已。

虽然这种出轨同样给女人带来了伤害，但相对于来说男人的主观恶意没那么大，因此他好挽回。如果能够帮助老公渡过中年危机，那么他回归家庭的可能性还是比较大的。

五、隐性出轨，往往是真正出轨的前奏

这里要特别提醒大家的是男人的隐性出轨行为，所谓"隐性出轨"，就是男人不是出轨了某个女人，而是出现了沉迷于游戏、赌博、不愿回家、忽视孩子和说老婆的坏话等现象。男人为什么会隐性出轨？其本质仍然是他对婚姻不满，但又不敢真的出轨，或者没遇到合适的出轨对象，所以只能借助以上行为表达对婚姻的不满和逃离婚姻。

这种出轨现象可能会让老婆忽略，因为一部分男人不是很顾家，这样的家庭就是"丧偶式育儿"，所以很多女人会把男人的隐性出轨当作正常现象。但是它可能就是男人真正出轨的前奏，他会从隐性出轨渐渐过渡到真的出轨。所以这必须引起我们的注意，当男人出现隐性出轨行为时，你就要反思你们的婚姻是不是出了问题，而不只是去质问他为什么总是玩游戏、不顾家，这会把他们推得更远。

总之，男人出轨的真正原因是他们的不满情绪——对老婆不满、对当下的婚姻状态不满或对自己的生活状态不满，但自己又没有能力解决这些问题，同时又不敢或不想提出离婚，所

以才会通过出轨的方式去逃避现实、寻求慰藉。如果我们想挽回婚姻，需要解决的一定不是第三者，而是老公的不满情绪以及产生不满情绪的原因——即你们合作中出现的问题。只有双方都成为婚姻中合格的合作者，这段婚姻关系才能持久。

发现男人出轨时需要避开的七个雷区

很多女人发现老公出轨后情绪就崩溃，然后就出现了一系列失控的言行，这些言行不仅让自己更痛苦，同时也殃及了孩子和亲人，更糟糕的是，将原本就不堪一击的婚姻推向了崩溃的边缘。如果你不想离婚，还想挽回老公，那么这些言行就和你的初衷背道而驰。当发现男人出轨时，你一定要避开以下七个雷区。

一、陷入负面情绪无法自拔

每一个人遭遇情感背叛后都有可能崩溃，我们不是不可以有负面情绪，而是不能长时间地陷入负面情绪中而无法自拔，否则你将无法处理任何事情，只会将自己的生活拖垮。所以我们要尽快调整自己以走出负面情绪，这时候要抛弃以下几种思维。

第一种：纠结老公是爱自己还是爱第三者。纠结这个问题的女人真的有点拎不清，他都已经出轨了，难道他还爱你吗？出轨是对伴侣最严重的伤害，他用如此严重的行为伤害你，而你还在纠结他爱不爱你，难道这不就是拎不清吗？然后你一定会想，那他就是爱那个出轨对象喽！也未必，他如果爱她会让她做第三者吗？难道他不知道女人做第三者会面临多大的指责吗？他把一个女人推到如此不堪的境地，怎么可能爱她呢？如果他真的爱她，应该先跟你离婚，然后再光明正大地和她在一起。他在婚姻里遇到了问题，但又没有勇气直接面对和没有能力去解决这个问题，于是采取了出轨这种糟糕的方式，其实他也知道这有可能把自己的人生推到一个更糟糕的境地，但是他还是这么做了，这说明他连爱自己的能力都没有。所以这个时候根本就不需要纠结这个问题，而是要去寻找这个问题的答案和证据。

第二种：自我攻击。很多女人遭遇老公出轨后会陷入自我攻击状态，"我很糟糕、很失败，是一个很差劲的女人，所以才会导致老公出轨"或者是"老公都出轨了，我却不能潇洒面对，还在这里自怨自艾，我真是很没用"。明明是老公做错了事情，她们却不停地指责自己，这种做法是不对的。你可以反省自己，但应该是理智的、适度的，是为了让事情往好的方向发展，而自我攻击除了让自己更痛苦之外，没有其他任何好处。

第三种：陷入自欺欺人的幻想。有些女人在老公出轨后会这样说以挽回老公："没关系，这次我原谅你，只要你以后不再出轨就行。"这样处理，他以后只会更容易出轨，因为他发现出轨不需要付出任何代价。还有的女人期待老公主动认错说："我只是一时鬼迷心窍而已，都是因为第三者太坏了。"哪怕这是假话也无所谓，至少能让她心里好过一些。这其实是"鸵鸟心态"，就是躲起来，不愿面对真实的世界和事情的真相，认为这样就可以不用面对痛苦。这其实是自我欺骗、逃避现实，这样做后问题没有得到解决，痛苦也不会真正消失。

第四种：讨好老公。这种女人会说："老公，都是我做得不好，以后我都改，只要你不再跟第三者联系就行。"然后准备烛光晚餐，把自己打扮得很漂亮，拿出相册和老公一起回忆过去的美好时光，每天还早早地起来为老公准备早餐。总之，就是对老公比之前还要好，想让他觉得自己比第三者更好，认为这样做他就能回心转意。可是你换位思考一下，如果是你出轨了，老公不但不发脾气，还对你比之前更好，那你会怎么想？因为这不是正常人的反应——正常人受到伤害后会愤怒、发脾气，而他不但不发脾气，还在讨好你，你肯定会觉得毛骨悚然，能感觉到其实他是在借这种方式控制你。所以，你越讨好他，他就越回避、防御你，同时他也知道了你非常害怕失去他，即使他出轨了，你也不敢把他怎么样，那他不就更加有恃无恐吗？

第五种：陷入刻板行为。什么是刻板行为？就是老公出轨之后，每天快到晚上 9 点时老婆就盯着家里的钟表：1 分钟、2 分钟、3 分钟……每一分钟老婆都异常焦虑，疑惑老公怎么还没有回来，他去哪里了，是不是去第三者那里了……她没办法停止焦虑去做任何事情，每天到晚上 9 点时她都重复这样的行为。这就是刻板行为，明知道这样做没任何意义，但她还是忍不住重复。这依然是情绪失控的表现。

这些心态和行为都无助于我们挽回老公，是我们必须避开的雷区。

二、站在道德制高点指责老公

"你出轨了，你对不起我，应该跪下来向我认错，而且从此以后你在我面前都应该是跪着的姿态。"这就是站在道德制高点惩罚老公，让他从此在你面前抬不起头来。但你想过这样做的后果吗？当一个人长期在另一个人面前抬不起头来时，他会怎么做？他只会离开这个人。

大部分出轨的男人都会有愧疚心，但如果你利用这一点作为子弹猛烈地攻击他，他就会收起愧疚心对你进行防御，比如为自己的出轨找借口："还不是因为你太强势了我才出轨的？"本来他是有意弥补你的，现在却因为你处理不当而变成了互相攻击。

所以这是一个很大的误区，你以为他做错了，你就可以肆无忌惮地指责他，但你别忘了，即使一个人做错了事情，想改过，也不愿被人居高临下地指责，更不愿长期生活在愧疚的心理空间里，所以如果你还想挽回他，就一定要停止这种行为。

三、发动身边所有人批斗老公

比前面两种行为更可怕的是发动所有人批斗老公，这其实是"站在道德制高点指责老公"的延伸。你做错了，我要让全世界的人都知道你做错了，都指责你，包括父母、孩子、亲人和朋友，甚至老公公司的领导和同事。这样做后果会怎么样？只会让老公无路可走。一个人就算做错了事情，他也是需要自尊的，还需要在这个社会上生存，你让所有人都知道他是一个"烂人"，那他以后该怎么面对这些人？他只能逃离，离开你和这些人，甚至不得不辞掉工作。因此他肯定会恨你，你们的关系几乎不可能再有缓和的余地，他会更坚定地和第三者在一起，这就是"罗密欧与朱丽叶"情结——世界越反对他们，他们就靠得越近，因为全世界只有他们互相支持。

即便他迫于压力回归家庭，那也是一种假回归，因为你们的感情并没有复合。

四、拼了命地斗第三者

为什么不可以拼了命地斗第三者？首先，男人出轨的根本原因并不是第三者，而是你们的婚姻合作出现了问题，所以真正的原因在你和老公身上，斗第三者并不能解决根本问题。其次，你越斗第三者，老公和第三者的感情就越好，因为你激起了他的保护欲。最后，斗第三者会把你拖入"雌竞"的境地，但这时候你真正应该做的是自我成长，所以斗第三者是完全偏离了方向。

五、总想找老公谈心

老公出轨后，有些女人总想找老公谈一谈。如果是正常的沟通，那当然没问题，但她们所谓"谈一谈"其实是向老公索取情绪价值，希望他安慰自己，向自己认错、忏悔，并保证以后不再犯。这就让老公很有压力，因为可能他也没有想好该怎么处理这件事情，现在没办法给你任何承诺，所以当下并不想和你谈一谈。就像你在工作上犯错了，你的领导说要找你谈一谈，你想跟他谈吗？多半都不想，因为你知道谈就意味着挨骂。

所以不要那么着急找老公谈，让事情沉淀一阵，等双方都冷静下来，对这件事有了更成熟的考虑后再谈也不迟。

六、妄图以卖惨博取老公同情

我接触过很多这样的出轨案例：老公说不想回家，因为家里气氛太压抑了，其中一个男人说有一天他回到家后发现家里乱七八糟的，孩子坐在地上玩玩具，而老婆就坐在那儿发呆……老公就问了一句："你们吃饭了吗？"老婆失魂落魄地说："没有啊，哪有心情吃饭？唉，孩子跟着我受苦了，连饭都吃不上。"她不但没心情吃饭，也没心情工作、照顾孩子，还把这种状态发到朋友圈里，这对于老公来说就相当于拿一条皮鞭不停地抽打他："要不是你出轨，我们怎么会过成这样？"这比直接谴责他还让他难受。于是，为了逃避这种无声的谴责，他只好不回家。

把自己的伤口不断地翻给伤害你的人看，能得到什么呢？得到同情，然后让他为你包扎伤口吗？你指望伤害你的人替你包扎伤口，这逻辑本身就不成立呀！所以这不是一个正常的行为。

七、以孩子为借口不肯离婚

对于不想离婚的女人来说，孩子是一个美丽的借口："为了孩子，这婚姻再糟糕我也不能离婚。"而实际上这是一个谎言，假设你本来就是丧偶式育儿，那么你离不离婚对孩子有什么影响呢？假如他本来就是一个好爸爸，离婚后他就不对孩子好了吗？所以你离不离婚对孩子并没有太大的影响。相反，如果你不离婚，那孩子就生活在一个糟糕的家庭环境中，每天面对着充满负面情绪的妈妈，孩子也不会幸福。

虽然老公出轨了，但你依然放不下。这很正常，毕竟感情不是自来水，说关就关，但是我们一定要真实面对自己的内心，自己不想离就直白地说自己不想离，别拿孩子当借口，把他们卷进夫妻间的情感之争中来。

我们发现，以上这七个雷区大部分都跟情绪有关，只有情绪失控，自己的言行才会失控，因此事态的发展也不会朝着我们希望的方向发展。所以，无论想挽回婚姻还是离婚，我们都要先管控好自己的情绪，让自己恢复理智，再谈其他的。

婚姻修复：五步让老公回归家庭

既然婚姻的本质是价值交换——双方通过交换各自的价值达成合作并且合作愉快，那么想要挽回婚姻就要从以下几方面去做：一是提高自己的价值，尤其是情绪价值，使自己有价值可以提供给对方；二是提高自己的沟通表达能力，使双方相处愉快，最终让自己成为一个合格的婚姻合作者。行为的改变要先从认知的改变开始，所以我们首先要调整自己的认知。

一、调整认知，走出甜蜜陷阱

大多数女人从小就被身边的环境植入了这样一种潜意识："这辈子一定要有一个男人特别爱自己，否则自己的人生就是不幸福、不完整的。"这不能不说是一个甜蜜的陷阱、一粒裹着糖衣的苦药，因为这句话导致女人把男人爱自己当作自己的人生理想，但这个人生理想却没办法靠自己完成，必须靠男人给予。这就把女人拖入了一个陷阱，因为男人的意愿不受她控制。苦苦追求一个自己无法控制的东西，向一个自己无法控制的人索取快乐，这不就是一个陷阱吗？

但是男人没办法负责你的幸福呀！他这辈子要负责的东西有很多，首要任务是去"狩猎"，而不是给女人幸福，所以女人注定会失望，在他出轨时抓狂。

要想改变这种被动的境地，就要走出这个甜蜜陷阱——这辈子有男人爱自己当然更好，没男人爱自己，那就自己爱自己；男人能给自己带来快乐当然更好，如果不能，那就自己为自己创造快乐！这样你的人生主动权就掌握在自己手里。这是因为男人就是这么想的，他们从来没有把"必须有一个女人爱自己"当作自己的人生理想，他们的人生理想是拓展事业、创造财富，然后通过这些去吸引异性。这样，他们的人生主动权就能基本掌握在自己手里，因为他们能提供人活着最重要的东西——经济价值。

我们要用男人的思维来谈恋爱，也要用他们的思维来经营婚姻和人生。只有这么做，我们才会去主动创造自己的价值，从一个索取价值的人变成一个提供价值的人，这样在婚姻中我们就有了底气。

如果你想修复自己的婚姻，那么这一步就是基础。

二、变得独立，展示更好的自己

前面一步是丢掉幻想，这一步是展开行动。

想修复婚姻，就要让男人看到你也能提供经济价值，最起码要让他看到你也能养活自己。让女性经济独立，并不是说每一个女人都要成为事业狂、女强人，而是说不要让自己的工作和人生变成家庭的牺牲品，让自己的事业和人生为家庭献祭。自己应该有一份足以支撑自己生活和尊严的工作，任何时候都不应该放弃这份工作，尤其是在婚姻出现危机的时候。

我有一个学员，在她40岁的时候她老公出轨了，经过短暂的慌乱之后，她把生活的重心放到了自己身上，专注于工作，因此她不但工作没受到任何影响，而且职位还升了一级。日常照顾好孩子后，她就锻炼身体、追剧和看书，尽量让自己和孩子的生活不受到任何影响。一段时间之后，她的身体、气色比之前更好了。老公看到这些后一琢磨，觉得失去这样的老婆得不偿失，于是就主动和第三者断了关系，回归家庭。

一个人积极向上的状态永远最吸引人。当婚姻生活遇到了最糟糕的事情——出轨的时候，你还能有条不紊地生活，这本身就能让男人大跌眼镜，因为没有几个女人能做到这样，甚至连他们都做不到。所以，当老公出轨的时候，让你的生活迸发出积极向上的魅力，就是挽回老公最好的筹码。

我的另外一个学员，她得知老公出轨后就跟他大打一架，他气愤地走了。她当时像一个无头苍蝇，感觉天都快塌下来了，整个人都很沮丧。我跟她聊过之后，发现她条件其实还不错：自己经营着一家服装店，长相气质也都还行，她一个人带着四岁的女儿生活，身边有很多朋友。虽然服装店生意不是特别好，但养活自己和孩子绰绰有余。于是我建议她调整好情绪，好好生活，同时在朋友圈里展示自己的美好生活。几个月后，她老公虽然还没有回归家庭，但是她说她已经不在意这些了，她现在过得也挺好。她什么事情也没做，半年后老公就回来了。

要好好生活，展示最好的自己给男人看。男人不是瞎的，他会衡量，一个是情绪稳定、积极生活的老婆，另一个是人人唾弃的第三者，他会选择谁？肯定是前者啊！所以，给自己时间，也给对方时间，男女之间的感情通常在 3 个月时达到顶峰，6 个月时新鲜感基本消磨殆尽，所以要给自己 3~6 个月的时间，这段时间是你的蛰伏期，也是对他的考验期。只要你处理得当，他回归家庭的可能性是很大的。

三、积极对待对方，多下"白子"

老公回归家庭了，是不是就代表婚姻修复成功了？当然不是！因为人是回来了，但是心回来了吗？家庭是完整了，但是你们的感情和好如初了吗？都不会那么快的，所以我们需要继续修复。这一阶段修复的是你们的相处，让相处变得和谐、愉快，而不再像之前那样充满指责和抱怨。

这里有一个方法，就是"多下白子，少下黑子"。这是什么意思呢？可以把婚姻想象成一个巨大的棋盘，白子代表愉快，黑子代表痛苦。你跟老公吵了一次架，就是下了一枚黑子；你夸奖了老公一次，就是下了一枚白子，也就是说，制造痛苦体验就是下黑子，制造愉快体验就是下白子。双方要想相处好，就要多制造愉快体验，多下白子。过去，你们肯定是因为下的黑子太多了，所以婚姻才会出问题，老公才会出轨；现在，你们就要多下白子，停止唠叨、指责、抱怨和攻击，而要多夸奖、鼓励、共情、包容和微笑等，愉快的体验不断增加，你们感情复合的可能性就会越来越大。

四、看见并接纳对方，建立情感链接

当相处愉快时，彼此就不再防御和攻击，这时就有了空间去看见和感受对方。要尝试去看见对方的感受，什么叫"看见"呢？就是看到对方的感受，但没有任何评判色彩，比如老公出轨了，虽然他还没有开口诚恳地向你认错并道歉，但你看到了他的内疚，并不评判他的内疚，因为一评判你就会有情绪，没办法中立，并好好接纳了，所以我们要只看见、不评判。

看见是走进对方内心、建立情感链接最快的方式，因为人一旦被看见，就会有安全感，内心变得柔软。

比如有一天你和老公说："我们一起带孩子出去玩吧。"老公却说不去了，还有其他事要做。如果你看不见老公的感受，就会生气："哼！根本就不是真心想回归，不过是做做样子而已。"但如果你能够看见老公的感受，就会觉得老公不是不想和你们一起出去玩以回归家庭，而是之前你们闹了那么大的别扭，所以现在他不知道怎么和你相处，怕尴尬，也怕相处不好而再起矛盾，于是干脆就拒绝了。当看见老公这种感受时，你就不再强求了，而老公也会因此而感到轻松，因为他的感受不但被你看见，还被你理解和接纳了。

所以，看见是理解和接纳的前提。婚姻出问题的原因之一

就是我们经常看不见对方的感受，甚至连自己的感受都看不见。所以我们要经常停下来觉察自己和对方的感受，也要引导对方来看见自己的感受，比如真实地表达自己，表露自己的内心。

五、柔软沟通，实现关系重建

当你可以看见对方的感受并引导对方看见自己的感受时，双方就会逐渐走出防御的状态，并开始渐渐地信任对方，这是一个非常好的开始。出轨是打破信任，现在重新有了信任，这个阶段双方开始变得柔软，一切又可以沟通。小到柴米油盐，大到一起旅行，放松、坦然、自然、平静、和谐地相处，生活又恢复了正常的夫妻该有的样子，而第三者也彻底地从婚姻中退出，婚姻基本修复成功。

不过，这时候要想彻底实现关系重建，还需要做一件事情：就是表达老公出轨这件事对自己的影响，以及对他的一些不满，比如他出轨这件事带给自己的不好感受、给这个家庭的影响、希望以后这种事情不再发生等。为什么要在这个阶段讲这些呢？首先，经过一段时间的沉淀，两个人对这件事都有了比较冷静的思考；其次，这时两个人的感情已经比较好，所以谈这些不会破坏关系；最后，要想彻底重建关系，必须对这件影响重大的出轨事件进行复盘。自己内心如果有委屈，也应该借此机会让老公看到，引导他关注自己的感受。这些对双方的感情进一步稳固是非常有益的。

平等对话、柔软沟通、不断拓宽情感内容，只有到了这一步，感情才实现了真正的修复。

问题婚姻修复是一个长期的过程，因为它不是简简单单的"老公回来了"，而是自己、老公和你们的婚姻都脱胎换骨的过程。你们愿意并有耐心做出改变，承受其中的痛苦，才能赢得美好的结果，所以美满的婚姻只属于愿意为它付出的人。